學美國人過生活

一本教你了解並學會美國深層文化的工具書

圖‧文◎張懿文

Contents > 目　錄

< 編 輯 序 >

近距離接觸美國文化

雖說打開報紙、電視，天天都看得見屬於美國的新聞、美國的節目、美國的電影，但與美國的風土人情，似乎總是隔了那麼一層，既看得不怎麼真切，也讓人有「知其然，卻不知其所以然」的感覺。

如果有個就住在美國的台灣特派員，以台灣人的身份角度，近距離觀察美國人的形形色色生活態度，也許可以讓我們進一步地了解：美國人在想什麼、他們以什麼樣的角度看待與處理事情，或許，在龐大的東西方文化差異之下，可以讓我們反思自己，取得一個看待世界的嶄新角度也不一定？

作者在書中所提到，美國的老年人們在退休後，多的是選擇展開生涯第二春、積極規劃「熟年生活」的活躍銀髮族；而美國的小朋友們更是從一出生就被當成獨立個體對待，跟台灣人的「囝仔人有耳嘸嘴」更是天差地別；從小養成社交禮儀，生日宴會、高中舞會都成為人際關係的鍛鍊場所，比起台灣小朋友們從小跑補習班、只重讀書學業的生活態度，可以好好琢磨的空間還真不少呢。雖然他們徹底尊重個體的自由選擇，但在群體之間如何妥善和諧相處，也是從小耳濡目染、身體力行的重要課題。

讓這本書成為窺探美國文化的一扇窗吧，下次有機會與美國朋友見面、到美國遊覽甚至居住時，可別忘了世界原來非常大，試著跳脫台灣文化所侷限的框框！

特約主編 王志光

<作者序>

「美」夢成真

　　最近跟一個來去美國西岸多次，卻從未來過東岸的朋友在MSN上聊到天，我問他：「什麼時候來紐約啊？東岸跟西岸蠻不一樣的！」他回我說：「對啊，從電影上就看得出來。」「怎麼不一樣？」「東岸人比較矜，西岸人看起來就比較陽光。」嗯，對照我從小就被抱著看《白雪公主》、《灰姑娘》、《辛巴達歷險記》，到拿戲院的「本事」(電影院提供的劇情簡介傳單)看《ET外星人》、《超人》等，原來我們對美國人的印象都來自電影啊！更遑論到現在聽到主題音樂還會哼的影集──《朱門恩怨》、《檀島警騎》、《愛之船》、《馬蓋先》，喔，還有以怪頭T先生為主角的《天龍特攻隊》了。

　　彷彿只要能離美國更近的手段，都被我無所不用其極的利用。小學還沒畢業就央求父母讓我學英文，國中拿到的第一筆獎學金被拿來訂余光音樂雜誌，高中聽西洋歌曲把告示板排行榜每週Top 10順序倒背如流外加一字不漏的跟唱，大學填志願放棄前途光明又燦爛的大傳系而窩進與梭羅、佛洛斯特、海明威等騷人墨客一起不食人間煙火的外文系，連到歐洲自助旅行時看到金黃色拱門標誌的麥當勞都有種莫名的親切感，因為每一種食物都是熟悉的味道。

　　在美式流行文化滋養下成長茁壯的我抱著自認不差的英文隻身來到紐約後，卻發現練就一身的金鐘罩竟然漏洞百出，除了跟英文有關的「Do you have the time?」是問「現在幾點？」而非「妳有空嗎？」（被帥哥問到時心頭小鹿亂撞，以為對方是來搭訕的），或是到銀行領錢時被問到「How do you want your money?」我還想說幹嘛多此一問，當然是要領「現金」

(cash)啊，銀行小姐只好再問一次：「Do you want small bills or large bills?」我才恍然大悟原來她問的是「妳要領大鈔還是小鈔？」

跟文化差異有關的才更讓我吃盡苦頭。朋友介紹我到一家由老中跟猶太人合資的小公司打工，我幫猶太老闆的客人倒水，端進去後竟然被老闆瞪只因我沒有加冰塊在水裡，只好乖乖回去重倒一杯。後來我才發現美國人喝的水除了瓶裝水外都是有冰塊的，如果不想加冰塊要特別聲明。上研究所的課，上課喜歡聊業界八卦的出版行銷老師大受美國上班族學生歡迎，對我們這些想學行銷理論及實務的台灣、日本學生而言，花一學分一千塊美金的代價聽些無法對號入座的八卦還真是有苦難言。

當然，如果不是更多讓我從不習慣到可以接受到習以為常的生活大小事陸續加入，我也不會這樣甘願的外銷給到現在中文只會說「我愛妳」、「妳好漂亮」的阿多仔繼續流落異鄉。在媒體上看到的好萊塢明星從百萬美金夢幻婚禮到鬧上法庭爭贍養費永不落幕，在我們小小簡單的生活裡，另一半總是自動自發的洗碗、吸地，三不五時洗手做羹湯，不管在人前、人後總是毫不遮掩的用言語或肢體動作表達對我的真情流露。

◆張懿文

　台北人，紐約大學出版研究所碩士，著有《紐約客的紐約》（太雅出版）。目前與爵士音樂家夫婿Chris及愛貓Kitty、Yoda以紐約布魯克林為家，過著小小簡單的生活。

台北人在紐約的伊媚兒：tpeinnyc@yahoo.com

　　聽多了已婚朋友抱怨婆媳關係難搞，還得應付三姑六婆的流言蜚語，我卻怡然自得於美國婆家及大姑、大嫂間，分居美國各地的大家，平時就靠伊媚兒及電話聯絡感情，靠網路相簿更新近況，逢年過節再輪流到各家作客，尊重個人隱私的老美從不會劈頭就問「你們什麼時候打算生寶寶啊？」「妳老公音樂家的收入足以養家活口嗎？」看似保持距離的關係其實是維持和諧的祕方，而當我們偶爾需要幫助的時候，也從沒看過他們的臉色。

　　就這樣，既不會御夫術也不在行討老人家歡心的我在美國安然度過了五年。

　　曾經在由一群住在美國的台灣女生熱心經營的社群上發問：「請問你們覺得台灣人可以跟美國人學習的地方有哪些？」沒想到引發了極為熱烈的迴響，有人說美國人開車都彬彬有禮，只要換線打燈，90%的人都會讓，有人說美國人的「lip service」就是讓人聽得很舒服：他們總能在瞬間從任何人身上找到優點稱讚，甚至在停車場上搖下車窗只為了跟媽媽說：「妳的小孩好可愛喔。」也有人說美國人習慣正向思考（也可說是頭腦簡單吧），就算兒子粗心大意到把裝有護照及駕照的袋子忘在機場，做父親的二話不說就開車帶兒子回去找，而不是先開罵。

　　雖然在寫書的過程中我發現很多美國生活的優點是因為他們先天佔了地大物博的優勢是島國台灣無法望其項背的，但是更多民族性的長處是值得我們見賢思齊的，就別幫我扣上「大美國主義」的帽子了。

　　促成此書的最大功臣當然是把我娶回家變成美國媳婦的小克，還有三不五時和我煲電話粥交流在美經驗的Vivian、Min及Chiasui，不過如果不是太雅的阿孜一手催生，所有的文字可能都還天馬行空吧。

張懿文

PART ONE

FOOD
學 美 國 人 食

學美國人早餐吃各式各樣的營養穀片

在台灣吃慣了豆漿燒餅、油條飯糰、清粥小菜加美而美的早餐，來到美國迎接你的卻是多采多姿的早餐穀片「喜瑞爾」。它究竟有什麼樣的魅力與營養，能夠風靡全美、歷久不衰呢？

台灣人對喜瑞爾(cereal)應該不陌生，其實蠻多年前就在超市買得到了，只是多數時候只當小朋友的早餐，因為五顏六色甜甜又營養的喜瑞爾，加入牛奶就是好吃又方便的早餐了。在美國，大人也愛吃喜瑞爾，而且口味眾多，添加脫水草莓片、香蕉片、堅果等，營養豐富，一碗下去，高纖、高鐵、維生素A、B、C、D、E、葉酸，連增強免疫系統的抗氧化成分都一次補齊。如果不想吸取太多的熱量，泡喜瑞爾的牛奶不妨選擇低脂或脫脂的牛奶，甚至豆漿都很好喝。

喜瑞爾可是道地的美國產物，主要的原料是小麥、米、裸麥、燕麥、玉米、高粱等。1894年，發現喜瑞爾的人是家樂氏兄弟，哥哥John Harvey Kellogg博士在密西根州戰鬥溪市(Battle Creek)擔任療養院的院長時，原本只是為了吃素的住院病人研發更容易消化的伙食以替代麵包，意外的

喜瑞爾跟葛諾拉的速配吃法：

1.> 加飲料：泡牛奶、豆漿、優格、優酪乳都很速配。
2.> 加水果：新鮮水果例如草莓、藍莓、覆盆子、香蕉等也很適合。
3.> 直接吃：加進蔓越莓、乾果、杏仁片、榛果等，咬起來就非常涮嘴。

↑葛諾拉加上藍莓、優格、牛奶就是營養豐盛的早餐了。
→喜瑞兒也可如法炮製。

留下一鍋煮熟的麥子，麥子在冷卻後變得很軟，風乾後變成一片片的薄片，這也是營養穀片的前身。

兩兄弟後來因理念不合而分道揚鑣，弟弟Will Keith Kellogg在1906年創立了喜瑞爾品牌家樂氏(Kellogg)，也發展出數十種的喜瑞爾口味。

每一個人都可以找到屬於自己的喜瑞爾

我在台灣時就是喜瑞兒的擁護者，不過也是來到美國後才見識到這裡喜瑞爾的勢力龐大：幾乎每個超市都有一整個走道的喜瑞爾專區，有以小朋友為客層，卡通圖案包裝外加玩具贈品的；有以女性為客層，粉色系包裝，加送支持抗乳癌基金會手環的……令人眼花撩亂。

簡單分類，通常針對小朋友的，口味比較甜，糖霜、巧克力、五顏六色的喜瑞爾，既可當零食吃，營養也補充到了；而針對女性的，以加了脫水水果片、堅果類的最受歡迎；至於男性客層嘛，看是要跟小孩子一起吃，還是跟女友、老婆分享吧。

除了喜瑞爾外，我另一個早餐的重大發現是Granola，姑且稱為葛諾拉。相較於喜瑞爾以小麥、玉米為主要原料，加工後變成脆脆薄片，多數葛諾拉是以燕麥為主，維持了燕麥的原型，混入蜂蜜、堅果跟乾果(蔓越莓、葡萄乾最常見)，烘焙到香香脆脆，吃起來喀差喀差又涮嘴，直接吃、加牛奶、加優格皆適宜，由於可以直接吃到一顆顆的燕麥，感覺上更自然，葛諾拉已經成為我的新歡。

> 家樂氏兄弟故事已經被拍成電影了─《The Road to Wellville》，中文翻成《窈窕男女》。飾演John Harvey Kellogg博士的是安東尼霍普金司（Anthony Hopkins）。
>
> http://amazon.imdb.com/title/tt0111001/

葛諾拉條隨時隨地補充能量

更棒的是，除了散裝的葛諾拉外，為了攜帶方便，業者也推出了葛諾拉的壓縮版：葛諾拉條(Granola Bar)，就像一般巧克力條一樣，只是更加營養。為了彌補不能隨時泡牛奶吃的缺憾，業者乾脆直接加入了保久乳的成分及口味以補充鈣質，同時也跳脫出早餐食品的範疇，嘴饞時、沒時間吃飯時、熬夜肚子餓時，隨時隨地補充一條。除了充飢外，高單位的營養及纖維質還可以及時補充能量，所以也深受登山、野營、健行者歡迎。

除了傳統的名稱，為了出奇制勝，Granola Bar出現了許多花名，什麼「神力Power Bar」、針對女性營養補充的「月神Luna Bar」等，口味更是多到比喜瑞爾還誇張：無熱量優格藍莓、高碳水化合物花生醬、有機杏桃堅果、咬勁野莓等，完全做到分眾市場區隔，更針對不同情境及需求達到補充能量的境界。

雖然說早餐要吃得像皇帝，喜瑞爾跟葛諾拉條，讓美國人跟我隨時隨地每一餐都可以當皇帝！

1. 連葛諾拉條都有N種口味及配方。
2. 玉米片發展至今已經有一百年的歷史了。
3. 五顏六色、口味多樣才能應付挑食的小朋友。
4. 針對小朋友卡通圖案包裝的喜瑞爾。
5. 超市的一整條走道都是玉米片。

學 美 國 人
呼 朋 引 伴
吃 早 午 餐

放假的日子裡，美國的都市上班族們只想儘可能的晏起，於是把早餐與午餐結合一氣，赫然發明了「早午餐」(Brunch)這個新名詞。它代表了一種都會式的生活型態，更有提神醒腦與社交的實際效用喔！

紐約代表性影集《慾望城市》(Sex and the City)中，凱莉、米蘭達、莎曼珊、夏綠蒂四個人聚在一起聊男人、談是非的場景，不是氣質咖啡廳，也不是時尚夜店，而是看起來再起眼不過的Diner，一種遍及全美大小鄉鎮的快餐店，多數全天供應早餐，各種烹調法的雞蛋、鬆餅、煎餅、培根、火腿、臘腸、馬鈴薯等幾乎是早餐菜單上的標準配備，當然，配菜的凱薩沙拉、配食的奶油烤土司，運氣好的話是現搾的柳橙汁，因為淡到像洗咖啡杯水所以可以無限續杯的美式咖啡，都是Diner早餐的經典。

不過，上班族平常只有空吞喜瑞爾跟維他命，到了週末，睡到自然醒後，吃早餐太晚，又不想吃太厚重的午餐，就來份早午餐，Breakfast跟Lunch的混搭—Brunch。推出早午餐的通常是一般的餐廳，平常賣午餐，到了週末就改賣早午

早午餐不管在菜色及飲料的搭配上都比傳統的早餐更加華麗，還有冬天的壁爐、夏天的露天花園等附加價值。難怪有人說：「早午餐一餐可抵上早餐、午餐兩餐加起來的價錢。」

餐，為了與一般快餐店的早餐做區隔，早午餐不管在菜色及飲料的搭配上都比傳統的早餐更華麗，同樣是蛋、同樣是煎餅，在選材用料或是烹調方式上，檔次都更勝一籌，更甭提冬天的壁爐、夏天的露天花園等附加價值了。難怪有人打趣的說「早午餐一餐可抵上早餐、午餐兩餐加起來的價錢」。

一派慵懶前得先大排長龍

一向喜歡在週末睡到自然醒，也愛跟朋友聊八卦又不喜歡盛裝吃飯的我，約吃週末brunch是再完美不過的選擇。顯然英雄所見略同，來去吃brunch原本應是一派慵懶的，只是紐約不少德高望重的餐廳，brunch時段通常不是一位難求就是大排長龍，好不容易坐下來吃，看到外面等待人龍渴望的眼神，這時我的菩薩慈悲心便發

作了，三兩下便吃完轉移陣地續攤。

就算沒有本事吃遍紐約的brunch，也吃出了一番心得，其實早午餐的菜色萬變不離其宗，除了蛋以外還是蛋，只是在作法、醬汁上各有講究，也未必要到A list上的餐廳才能吃到正宗brunch，許多小café的私房版反而更令人驚豔，或是乾脆從數以百計的網路brunch食譜下載，直接在家做實驗，反正brunch的精神就是一派隨性的在週末午後和親朋好友相聚吃吃東西、聊聊天，偶有失敗的作品也不用太在意。

brunch的經典餐及飲料

班尼迪克蛋及燻鮭魚貝果都是發源紐約，全美發揚光大，至於為什麼早午餐要吃喝這些，問過為我們上菜的俊俏侍者，只見他氣定神閒的說「就是好吃又可以解宿醉啊」。

放上英式馬芬跟火腿(或培根)最後再淋上蛋黃醬。
(完美的蛋黃醬應該是不能結塊,這個只能算是差強人意)

班尼迪克蛋Egg Benedict:

1.>水煮蛋:將水煮開打蛋下去,水煮蛋不煮破的祕訣是加幾滴醋。

2.>Hollandaise sauce 也稱為蛋黃醬,做法就是將奶油在鍋子裡融化後,慢慢加進打散的蛋黃、檸檬汁和調味料,成功的荷蘭醬吃來香濃滑順,完全沒有結塊的蛋黃。

3.>將英式馬芬烤到微焦,鋪上水煮蛋、夾入培根或火腿再淋上醬汁即可。

How to do……

◎班尼迪克蛋(Egg Benedict)

班尼迪克蛋的基本組成元素為兩個水煮蛋、兩片微微烤過的英式馬芬(English Muffin)、培根及畫龍點睛的荷蘭醬汁(Hollandaise sauce)。

至於班尼迪克蛋的典故有兩種版本:

【版本一】

1880年代,紐約Delmonico's Restaurant餐廳的常客班尼迪克太太 (Mrs. LeGrand Benedict) ,在菜單上不見滿意的菜色而想嘗些新的東西,便和主廚Charles Ranhofer商量,他靈機一動做出了班尼迪克蛋 (eggs Benedict),並在1894年出版的食譜裡放上了這道菜,裡面有一道菜就叫做班尼迪克蛋。

【版本二】

1894 年,有一個叫Lemuel Benedict的華爾街交易員在紐約的華道夫飯店用餐,他想解前一晚的宿醉,便點了一份「乾吐司、脆培根、兩個水煮荷包蛋、還有蛋黃醬」,結果被當時在飯店當經理的Oscar Tschirky把土司換成英式馬芬,還加上了松露,Lemuel Benedict在過世前接受《紐約客》雜誌的採訪提到這段往事。

◎燻鮭魚貝果

貝果本來就是道地的猶太紐約產物,加上紐約水質佳,做出來的貝果咬勁特韌,在菜單上,燻鮭魚通常被稱為Lox,略帶鹹味、口感綿密的燻鮭魚,遇上越嚼越夠味並塗上一層厚厚cream cheese的貝果,就是絕佳幸福的早餐滋味。

◎飲料

有趣的是,美國人因為篤信基督教,星期天不賣酒的法律行之多年,連紐約都是到這兩年才解禁,但是早午餐的飲料,卻不可或缺雞尾酒。

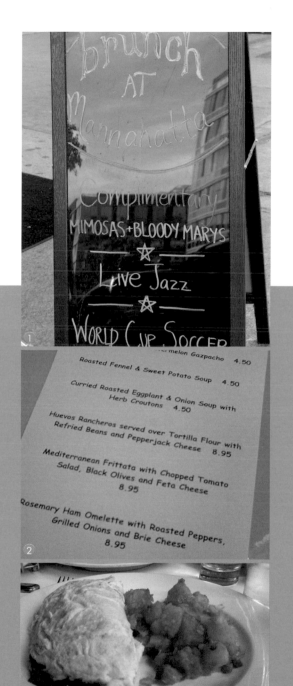

① 現場爵士音樂與早午餐是絕配。
② 早午餐的菜單許多以蛋為主。
③ 煎蛋捲omelet是早午餐的常客。

【血腥瑪麗】

如果咖啡還不夠醒酒的話，試試「以毒攻毒」的血腥瑪麗(Bloody Mary)吧，由蕃茄汁、香料與伏特加或琴酒混搭的血腥瑪麗，酸中帶辣的滋味令人精神為之一振。

【Mimosa】

最早是在1925年的巴黎麗池飯店(Ritz Hotel)調配出來的，說穿了就是香檳酒加柳橙汁，黃澄澄的顏色就像洋槐花(mimosa)，由此得名。

一日之計在於晨，一晨之計在於一頓豐盛的早午餐。

學美國人吃有機食材與自然共生

有機有機，到底有機是什麼呢？在台灣一窩蜂地給食材貼上有機商標的同時，美國的有機食品可經過了嚴格的考驗與驗證。到底有沒有效呢？它已經讓朋友「麻雀變鳳凰」了呢！

① 、② 有機蔬果都必須經過認證。
③ 連麵包都有有機的了。

另一半的死忠兼換帖是標準的美國小孩，在盛產馬鈴薯的愛達荷州長大，把炸雞、薯片、賀喜巧克力條當正餐吃，把可樂當水喝，偏偏每次看到他都是一副營養不良的樣子，直到有一陣子不見，赫然發現他不僅容光煥發、神采奕奕，還脫胎換骨胖了十磅，問他變帥、變健康的祕訣，他說：「我現在都儘量買有機食物回家自己煮，帶便當去上班，雖然有機食材比較貴，但還是比三餐都外食划算多了。」

原本一直以為有機食品只是商人為了賺錢而玩的噱頭，看到「有機前、有機後」的現身說法後，才不得不相信有機食品的魔力。究竟什麼是有機食品呢？根據《維基百科全書》上的解釋：

「有機食品一般的定義是：農作物在種植過程中沒有使用非天然的化學物質或有機物質，如農藥(即殺蟲劑 除草劑等)、化學肥料等等，以及作物本身沒有經過基因

改造(GMO)，純粹是天然育種、天然環境長成。此外，加工過程沒有使用任何化學添加物。」

三年內不用農藥、化肥
才叫做有機Organic

根據以上的定義，不論是有機商家的餐飲食品商品，或家中庭園自產的天然蔬果以及野外採集蔬果野生動物，只要是100%天然的都可以稱作是有機的。

雖然定義很清楚，但在實際的認定上依然眾說紛紜，而且到底由誰來檢測呢？美國在1995年便制訂了一套完整的規章—「有機食品製造法案」(Organic Foods Production Act)，規定凡是冠上「有機」Organic的商品，都必須經過美國農業部(US Department of Agriculture, USDA)的認證，貼上USDA/Organic的標章，未

經認證而自行貼上標章可是違法的，最高可罰到一萬塊美金。

目前歐盟、日本等國都有針對有機產品制訂認證標準，不過美國的標準在2002年修訂過後，堪稱是世界一級嚴苛的，以農產品為例，三年之內都沒使用農藥、化學肥料等，同時農場本身及其使用的器具等都必須經過獨立單位的檢測，才可以稱得上「有機」。

此外，有機食品的包裝也不可含有消毒劑、防腐劑等化學物質，運送的過程，有機食品和傳統食品也都是分開的。

除了農產品外，家禽、家畜類也都有一套有機的認定標準，如不注射抗生素及生長激素、必須百分之百餵食有機飼料、給予更人道的對待，如豢養空間的通風及光線、牛隻必須有到牧草地吃草的權利等，都有清楚的規定。

> 容易殘留農藥的水果,如草莓、蘋果、葡萄可以儘量選購有機的;在蔬菜方面,菠菜、紅椒、馬鈴薯吃有機的比較好;而家禽、家畜類,吃有機的比較健康。

有機蔬果真的比較有營養嗎?

對於多數消費者而言,最關心的還是多花錢購買有機食物,究竟有沒這樣的價值呢?由於不使用農藥及化學肥料,在種植的過程中相對於傳統的方法必須投入更多的人力,成本也隨之升高,但換到的是吃得更健康、更安心。

至於在營養價值上,雖然在美國農業部的網站上所找到的資料並沒有特別強調此點,但越來越多的研究報告顯示,有機和常規農作物中的營養成分從統計來看有很大的不同,這主要歸功於土壤肥力管理的不同和其對土壤生態和植物代謝的影響。有機農作物含有的營養(維生素C、鐵、鎂和磷)比常規農作物多,而硝酸鹽成分則較少。另一方面,與常規農作物相比,有機農作物的蛋白質質量更好、礦物質含量更高,而一些重金屬的數量則更少。

污染少了、營養價值更高,雖然有機食品的售價比傳統食品高出10～30%不等,但消費者卻依然趨之若鶩。以美國為例,有機食品通常只在標榜天然、健康食品的專門店販售,由於屬於小眾商品,只受到健康意識特高且負擔得起的消費者青睞,但是從2000年起,780億美金的有機食品銷售產值中,在傳統的超市佔了將近一半的銷售額。這代表著有機食品不再是有錢人附庸風雅的高檔貨,而成為一種平民化的飲食,2005年,更有高達2/3的美國消費者購買有機食品。

① 、 ② Whole Foods是全世界最大的有機生鮮超市。

有必要通通吃有機嗎？

　　當然，偏高的價格還是讓許多消費者為之卻步，針對此點，美國消費者報導雜誌(Consumer Report)在2006年2月所做的專題報導中指出，對於精打細算的消費者，未必什麼都要吃有機的。容易殘留農藥的草莓、蘋果、葡萄等就儘量選購有機的，至於香蕉、芒果、木瓜等，就未必一定得吃有機的了。在蔬菜方面，菠菜、紅椒、馬鈴薯吃有機的比較好，花椰菜、蘆筍、洋蔥、玉米就未必了。至於家禽、家畜類，吃有機的比較健康。

　　吃有機食品，不僅吃得心安理得，對於土壤、水源的保育則是附加的價值，在沒有污染的前提下，才能真正做到人類與自然共生的境界。

跟著體驗：

◎**Whole Foods Market**

　　來自德州，全球最大的有機食材零售連鎖，除了生鮮蔬果外，曾被評選為「紐約第一名」的熟食吧選擇衆多，且標示牌都有清楚的食材說明，秤重計價，所以每種都可以嘗一點。另外推薦壽司吧，連包壽司的海苔都是「有機」的喔。

http://www.wholefoodsmarket.com/

◎**Commodities Natural Market**

　　當「Whole Foods」以星巴克的態勢入駐曼哈頓，這家小而美、小而齊的有機食材專賣店顯得格外親切，工作人員都是有機食材的消費者，不僅熱心提供經驗，他們容光煥發的外表是最佳的見證。

http://www.healthylivingnyc.com/
find-it/business/628/3

❶ 多數美國人買食物前都會先看營養標示。
❷～❹ 各種食品、飲料的營養標示（連寵物的飼料也有喔）。

學美國人細讀食品營養標示

形形色色、琳瑯滿目的食品來自世界各地，但只要進了美國，就一律必須貼上營養成分的標示。不僅方便了消費者注意自己吃下肚的是什麼，更是減重、均衡攝食的一大福音喔！

仗著自己有著不易胖體質的優勢，幾乎從來沒有擔心過營養過剩的問題，連多數人來到美國後，跟著吃20盎司牛排、1夸特冰淇淋而面臨尺寸越穿越大號的困擾，我卻連0號褲腰都嫌大而必須往童裝部發展，所以我的字典裡從沒出現過低脂、低卡的字眼，更遑論會注意所謂的營養標示(Nutrition Facts)了。

看懂「營養標示」
在美國生存法則之一

偏偏我嫁了一個易胖體質的美國人，認識他的時候是他減肥後，剛開始我還是我行我素的哄他吃一些又油又香的台灣小吃，直到他秀出那條我可以塞進一條褲管的水桶腰短褲，我才相信他的潛力雄厚，他也開始教育我看懂「營養標示」是在美國的生存法則之一。

話說有回我們到雜貨店買飲料，以往在台灣便利商店總是把自己當小白老鼠試喝新飲料的我，對於美國人永遠只有可樂、果汁、冰茶、礦泉水失望至極，好不容易看到一瓶造型是卡通「飛天小女警」的飲料有如發現至寶，二話不說就拿著要付錢，被老公半路攔截下來檢視營養標示：「這根本就是糖水嘛，妳看，sugar是砂糖，syrup糖漿也是糖……」我還是不聽

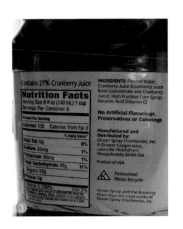

勸告的為了可愛的瓶子買下，結果，真的是一瓶色素糖水。

我把這故事告訴當時在紐約遊學的某健康雜誌採訪編輯友人，數月後，「在美國，檢視營養標示幾乎已成為購買食物前的標準動作，連不修邊幅的爵士音樂家都會注意喔！」的文章出現在台灣各大書報攤上。

低脂、低熱量 ≠ 低糖、低鈉

自從被教育後，也開始養成檢視營養標示的習慣。每拿起一樣產品，都會看看脂肪、碳水化合物的成分是不是偏高，或是許多標榜低脂、低熱量的產品，卻有甜死賣糖不償命的高糖分。更驚人的是，許多清清如水的罐裝湯頭，含鈉量卻高得嚇人，或是多數食品裡的纖維素低得可憐。可別小看這「營養標示」，還可解讀出

不少訊息呢，難怪英文有句話「You are what you eat」，不是沒有道理的。

無怪乎美國食品藥物局(US Food and Drug Administration, FDA)從1990年就制訂法案要求除了肉類及咖啡、巧克力這種主要由單一原料製成的食品以外，包裝食品都必須提供營養標示，就連進口的食品也得貼上英文的營養標示。

除了營養標示上的含量多寡外，另一個不可不看的資訊是使用原料「ingredients」，每一種食品都會標示製造該產品所使用的原料，如全麥土司的第一個成分一定是全麥麵粉，頂級巧克力的第一項成分必須是可可豆(Cocoa bean)，如果標示出的是可可油(Cocoa butter)，就不配稱頂級巧克力了。通常成分排名越前面的，表示是越主要的元素，舉例而言，如某餅乾宣稱含有藍莓果粒，但藍莓的成分卻排在倒數幾名，那，還是別花冤枉錢了吧。

> " 看成分的最大好處是不會吃到一堆莫名其
> 妙的人工添加物，通常只要是看不懂的化
> 學成分，就是所謂的色素、人工甘味等，
> 天然食品應該是看不到這些東西的。"

另一方面，看成分的最大好處是不會吃到一堆莫名其妙的人工添加物，通常只要是看不懂的化學成分，就是所謂的色素、人工甘味等，在標榜純天然口味的食品裡，應該是看不到這些東西的。

連買貓食都要看營養成分

美國人愛看營養標示不僅適用於人類，連貓犬都一起升天。

有一回我跟老公在超市買貓食，當時剛開始養貓，試過幾種貓食兩隻貓咪也沒太明顯的好惡，便貪小便宜的挑便宜的買，沒想到一個同樣在買貓食的中年婦女朝我們走來，好言相勸

的要我們注意看營養標示，我們手上拿便宜貨的雖然標榜是鮪魚口味，但排名第一的成分是玉米，第二是玉米加工品、第三是家禽類的副產品(譬如說雞皮、雞骨等)，從頭到尾沒有看到Tuna鮪魚的字眼，她拿給我們另一個高級品牌，第一個成分就是雞肉，接下來才是玉米之類的東西，當然啦，價錢也是很高級。

根據尼爾森(A.C Neilson)2005年公布的全球消費者標籤意識大調查，北美有高達64％的消費者表示幾乎都看得懂食品標籤上的說明，而亞太地區則有60％看不懂食品標籤，台灣有8％的消費者對於食品包裝標籤一點也看不懂，可說是全球倒數第八，只比波蘭、俄羅斯、日本、香港等七個地方的人稍好一點。

畢竟，我們就是我們吃下去的東西，人也是、寵物也是，下次逛超市，還是睜大眼睛仔細看吧。

Step by step

看懂食品的營養標示

　　美國的營養標示是根據成人每天平均攝取2000卡路里的計量估算每天應攝取的比例(Daily Value)，只要看懂這個比例就不用自己按計算機了。

　　以下將針對每一個項目及攝取比例做說明。

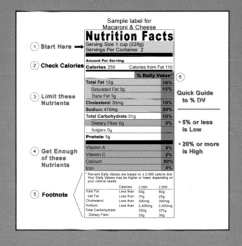

3 **要控制的成分－脂肪、膽固醇、鈉**
這些要控制的成分每天的攝取建議不超過100%，以圖示的鈉(sodium)為例，已佔了一天應攝取量的20%，再吃別的食物鈉的百分比總和就不要超過80%。

4 **要多攝取的成分－維生素、鈣質、纖維質**
這些該多攝取的成分則以100%為基準點，換句話說，每天至少要吃滿100%才算健康，以此圖示的鈣(calcium)含量高達20%就表示起司通心粉是很好的鈣質來源。

1 **從這裡開始（每一份的重量）**
值得注意的是，以圖示的營養標示為例，所有的比例都是依據一份228g來計算的，但此包起司通心粉含有兩份的份量，所以如果一次吃一包，所有的百分比都是要要乘以2的。

5 **腳注**
各成分的實際含量。

2 **檢查卡路里的含量**
攝取過高的卡路里是造成肥胖的主因，FDA的標準是40g的卡路里屬於低，100g卡路里為適中，400g以上就過高了。

6 **每日應攝取百分比**
5%以下為低，20%以上為高。舉例而言，要達到低脂低鈉的標準，就不能超過5%。

※值得一提的是，碳水化合物(Carbohydrate)的攝取FDA的建議是每人每天攝取100%為正常，但是如果正在減肥或有特殊的飲食限制者就有另外個別的標準了。

生鮮宅配搶掉紐約2百萬超市生意

少掉了中間盤商的層層剝削，美國的生鮮宅配讓消費者們直接買到新鮮又便利的各式生鮮食材。不論是城市或鄉村人，都可以三不五時嘗試來自世界各地的新玩意兒，讓美國人的生活更加新鮮有趣！

前兩天經過紐約的「聯合廣場」，赫然發現原本就是星字輩餐廳環繞、紐約最大農民市場(Farmer's Market)，以及來自德州去年下半年開幕每天大排長龍的Whole Food高檔超市的所在地，竟有來自南加州，以高貴不貴的平民姿態起家的Trader Joes也選擇在此開設紐約市的第一個據點，

更讓這個美食一級戰區更加風雲詭譎。

在如此激烈的戰況下，看不到、摸不著的網路生鮮竟然能夠殺出重圍，業務蒸蒸日上，著實跌破不少人的眼鏡，我就曾經在雀爾喜的Whole Food超市對街，看到紐約最大網路生鮮Fresh Direct的貨車卸貨，這就像家住Sogo百貨對面卻三不五時從東森購物台買東西一樣令我匪夷所思，或許你會說因為東森購物台比較便宜還送貨到家，我想也許同理可證吧。

三更半夜回到家就有燒好的晚餐等著

許多三餐都外食，在家只煮泡麵、水餃的朋友，對於Fresh Direct卻也讚譽有加。她們的理由是，再也不必提著牛奶、果汁、蔬果等大包小包的爬樓梯了，因為Fresh Direct直接送到家門口，還可以選擇

外食的朋友們再也不必提著牛奶、果汁、
蔬果等大包小包的爬樓梯了，因為宅配直
接送到家門口，還可以選擇送貨時間，就
算加班也不怕錯過！

❶ Fresh Direct 從網路訂購生鮮、熟食直接送到家。

宅配的時間，最晚送到晚上十一點半，就
算加班也不怕錯過送貨。最棒的是，如果
點了熟食，回到家微波或烤箱烤一下就有
一餐美味、營養的一餐。

　　Fresh Direct的熟食品項繁多，從素食、
牛排到海鮮都有，同時標榜不使用有害
人體的氫化植物油(Hydrogenated Oil)、

也不含造成心血管疾病的反式脂肪(Trans
fat)，比一般的外賣，價格雖然未必便宜很
多，但比起油滋滋的中式外賣要來得健康
多了，如一塊12盎司的肋眼牛排為美金14
塊，照燒雞肉飯4.99美金。最棒的是，每
一道菜都可以在該網站上找到原料及營養
成分，每天吃進多少卡路里一清二楚。

① Fresh Direct的貨車紐約大街小巷都看得到。
② Whole Foods永遠都是人潮洶湧。
③ 每次收到貨都感覺像在過耶誕節。
④、⑤ 不管是蔬果生鮮選是一般雜貨都經過細心包裝。

確保馬鈴薯和香蕉都一樣開心的冷凍控溫系統

在蔬果方面，Fresh Direct直接跟農場進貨，少掉了中盤商的利潤，將價格直接回饋到消費者身上，平均價格和市面比起來低了25%；此外，由於並無實體的店面，整個Fresh Direct的倉儲就像一個大型的冷凍櫃，分為七種不同溫度，所有的生鮮食材從處理到包裝都在嚴格的溫度控管下，就像該網站所宣稱的：「我們確保馬鈴薯和香蕉都一樣開心。」

其實除了紐約外，美國不少大都市都有各自的生鮮宅配系統，不同於Fresh Direct在網路上勾選的方式，我在西雅圖的朋友，每個星期都會收到一整箱的有機蔬果，都是當季盛產的品種，而且固定有幾項是從當地的農場訂購，一方面減低運輸成本，一方面也是給予本地農家實質的支持。意外的收穫是，一般人上超市買菜通常只會挑自己熟悉的食材，透過網路宅配的挑選，雖然不會收到什麼奇花異果，卻總有些從未嘗試過的食材，而且不用擔心不會煮，因為網路上都有食譜。

這樣的操作模式似乎在西岸頗為盛行，光是舊金山灣區就有好幾家提供有機蔬果宅配的網站，一方面加州氣候宜人、物產豐饒，一年四季都有當季的蔬果，另一方面，西岸人的生機健康飲食意識整體是高過東岸的，這點從加州料理以清淡見長，以及西雅圖連續幾年都被選為全美最健康的城市可以得到證明。

宅配生鮮的網站：

1. ＞http://www.freshdirect.com/
   宅配到大紐約地區、紐澤西部分地區及紐約州
   的Westchester，宅配版圖不斷擴張中。
2. ＞http://importfood.com/
   網路泰國食材超市，以UPS宅配到全美。
3. ＞http://www.newrootsorganics.com/
   以大西雅圖區為宅配範圍的有機蔬果。
4. ＞http://www.westsideorganics.com/wso/index.jsp
   被評選為灣區最佳有機食品網站。
5. ＞http://www.indianfoodsco.com/
   販售印度食材、香料、保養品、書籍等。

Do you know……

網購飄洋過海來的食材

在搜尋網路生鮮的過程中，連我自己
都訝異網路的發展已經到一種無所不賣的
境界，尤其對許多住在美國的亞洲移民而
言，以往要一解鄉愁嘗嘗家鄉味，不是得
大老遠的開車到貨色未必齊全價格卻很驚
人的亞洲超市採購，就是得望眼欲穿等待
老家來的包裹。現在有了網路，不管是做
泰國菜的香茅、南薑，還是做印度咖哩的
各種辛香料等，網路上通通都有賣。

由於這些網站通常都是英文的，所以服務
的對象也不僅限於亞洲移民，這幾年亞洲
料理在美國也十分火紅，有興趣依樣畫葫
蘆的老美也可以學著做。只是啊，我什麼
時候才可以從網路上訂購可以宅配到紐約
的萬巒海鴻飯店豬腳、宜蘭三源行鴨賞、
嘉義東山鴨頭、師大燈籠滷味……啊？

美食頻道24小時美食烹飪技巧直送到家

在美國，上餐廳可是筆不小的開銷！不管是家庭主婦或是窮學生，美食頻道成為最好的私人教授。什麼時候打開電視，都能看見世界各地的美食料理教學。不論你要學作料理，或是畫餅充饑，悉聽尊便！

1 美食頻道在紐約雀爾喜的展示間。

　　來美國前，和許多住家裡的台北小孩一樣，加班的時候在公司叫便當、不加班的時候乖乖回家茶來伸手、飯來張口，週末假日跟朋友到處吃喝玩樂，壓根沒有下過廚房。來美國後，碰到每天煲湯的香港室友及自己做御飯團的日本室友，除了分享她們的手藝外，耳濡目染下便開始小試身手，發現煮菜並沒有想像中困難，其實說穿了，並不是自己變賢慧，而是為了求生存，因為每天吃外面就算選擇再多也是會

> 美食頻道一天二十四小時播放做菜、介紹
> 各地美食的節目，從星星級主廚的宴客菜
> 到給煮開水都不會的入門菜，隨時轉開都
> 會看到一道道的好菜上桌！

膩的，加上成本過高，對於當時還是窮學生的我實在負擔不起。

剛開始學做菜，憑著依稀的記憶做母親的家常菜，身為家中么女的母親也是結婚後才開始學做菜的，所以做的也都是家常菜，十分適合廚房菜鳥的我。也曾經從台灣帶過標榜用電鍋就可以做出一桌好菜的食譜來，偏偏不是食材難尋，就是計算份量的方法跟一切施行英制的美國格格不入，就在一度打算棄菜刀重新投入泡麵、冷凍水餃的懷抱時，我發現了美食頻道——Food Network。

最秀色可餐的24小時TV放送

美食頻道一天24小時播放做菜、介紹各地美食的節目，從星星級主廚的宴客菜到給煮開水都不會的入門菜，隨時轉開都會

看到一道道的好菜上桌，堪稱有線電視中最秀色可餐的頻道。目前全美有八千萬個家庭都可以收看到美食頻道，觀眾的平均家庭收入為年薪7萬5千美金(美國人平均家庭收入接近一年4萬5千)。

最早吸引我目光的是每天傍晚6點半的《30分鐘3道菜》(Thirty Minutes Meals)，這個節目最大的賣點就是30分鐘的節目，主持人Rachel Ray從冰箱拿出食物、切菜、煎炒煮炸一番，最後還附上甜點，真的就是30分鐘3道菜，如假包換。記得以前看煮菜節目也曾經躍躍欲試過，因為看那些大廚做菜輕鬆自如，信手拈來食材往鍋裡倒，廣告回來一道菜就上桌了，不然就是烤箱還在烤，因為節目時間有限就先端出早就烤好的菜，等我屢試屢敗後才知道原來煮菜最難的兩大步驟—食材準備及時間的掌控都沒有演出來，根本就是把觀眾當天才(還是白癡)嘛！

星星級主廚的廚房密技
Step by Step全都露

總算有人要把最重要的步驟演給大家看了，洋蔥怎麼切、迷迭香要用那個部位、紅椒要怎麼去皮等，Rachel Ray都會不厭其煩的解說，甚至到超市買菜回家後要怎麼處理才保存的久都一併傳授，這對於已經有基本概念的人而言或許太粗淺，但是對我這個萬事起頭難的生手卻十分受用。

對於進階級的廚藝高手，美食頻道可是大廚雲集，如紐約頂級義大利餐廳王國的掌門人Mario Batali，版圖橫跨紐約、拉斯維加斯專長燒烤的Bobby Flay等，在美食頻道都有帶狀性節目，他們的個人魅力將主廚推向明星的境界，煮菜再也不是埋首油煙的苦差事。

許多美國人都有過胖的困擾，美食頻道也開了好幾個以低脂、低卡為訴求的節目，當然，美味是絕對不能被犧牲掉的，重點是在用對食材。

就算一點也不想學做菜，美食頻道還是有節目可以看，如介紹全美各地以食物為主題的節慶活動，如洋蔥節、蔓越莓節、大蒜節等，充分展現了美國各地的風土民情。或是從日本買版權過來的「鐵人料理」美國版(Iron Chef America)，美食頻道在紐約搭了一個一模一樣的廚房競技場(Kitchen Stadium)，延請各大主廚以嚴選食材上台較勁，還找來了日版主持人的姪子來主持，相較於日版的肅殺氣氛，美版還是娛樂多了，但在食材及廚藝的解說上則更進一層。

對於有心踏入餐飲業的人，美食頻道也有相關的節目，以實際開餐廳的案例追蹤其成功或失敗的原因。幾乎所有與食物相關的主題，在美食頻道一個都不少。曾經和朋友討論到美食頻道，赫然發現幾乎每

我愛看的美食頻道節目：

如果哪天台灣也有轉播的話，千萬別錯過這些節目！

1.＞30 Minutes Meals(30分鐘3道菜)

原因：Rachel Ray以此秀走紅為全國晨間脫口秀的主持人，強調她所做的前菜、主菜、甜點都是在節目播出的30分鐘內同步做完，根據我照表操課的經驗是可以達成的（在不講究裝盤的前提下）

2.＞40 Dollars A Day(40塊美金吃1天)

原因：另一個庶民料理天后Rachel Ray的節目，到北美及歐洲各大城市旅行，徵詢當地人的意見找到1天3餐(有時外加下午茶)含小費跟稅1天40塊美金搞定。

3.＞Good Eats with Alton Brown(跟Alton Brown學吃得好)

原因：Alton Brown以半搞笑的方式將烹飪、食材背後的科學新知介紹給讀者，如罐頭的歷史、如何清潔刀子等。

4.＞Everyday Italian（義大利家常菜）

原因：有模特兒臉蛋出身羅馬義大利大家庭的Giada De Laurentiis，將準備起來耗時費工的義大利家常菜轉化為忙碌現代人也可應付的食譜。

5.＞The Secret Life of……(美食的祕密)

原因：口香糖是誰發明的呢？為什麼飯後都要吃甜點呢？這些我們習以為常的食物或飲食習慣都可以寫成一本厚厚的美食百科全書，「美食的祕密」一一為觀眾解答。

個人都有在看，或多或少都試過節目裡的食譜，對於主持人的好惡也涇渭分明。

如果哪天我可以出本懶人食譜的話，第一個要感謝的就是美食頻道。

◎網站推薦

http://www.foodtv.com

就算錯過任何一個節目或哪道菜的食材、作法有看沒懂的話，直接上美食頻道的網站，答案都在上面，還有不定期的網路版的做菜教學，夠勤勞的話，1年365天都可以試到新菜。

1、2 照著Rachel Ray食譜依樣畫葫蘆的烹調前、烹調後(真的只要30分鐘喔)。

3～10 美食頻道1天24小時放送秀色可餐的節目。(畫面翻拍自Food Network，Chiasui Chen提供)

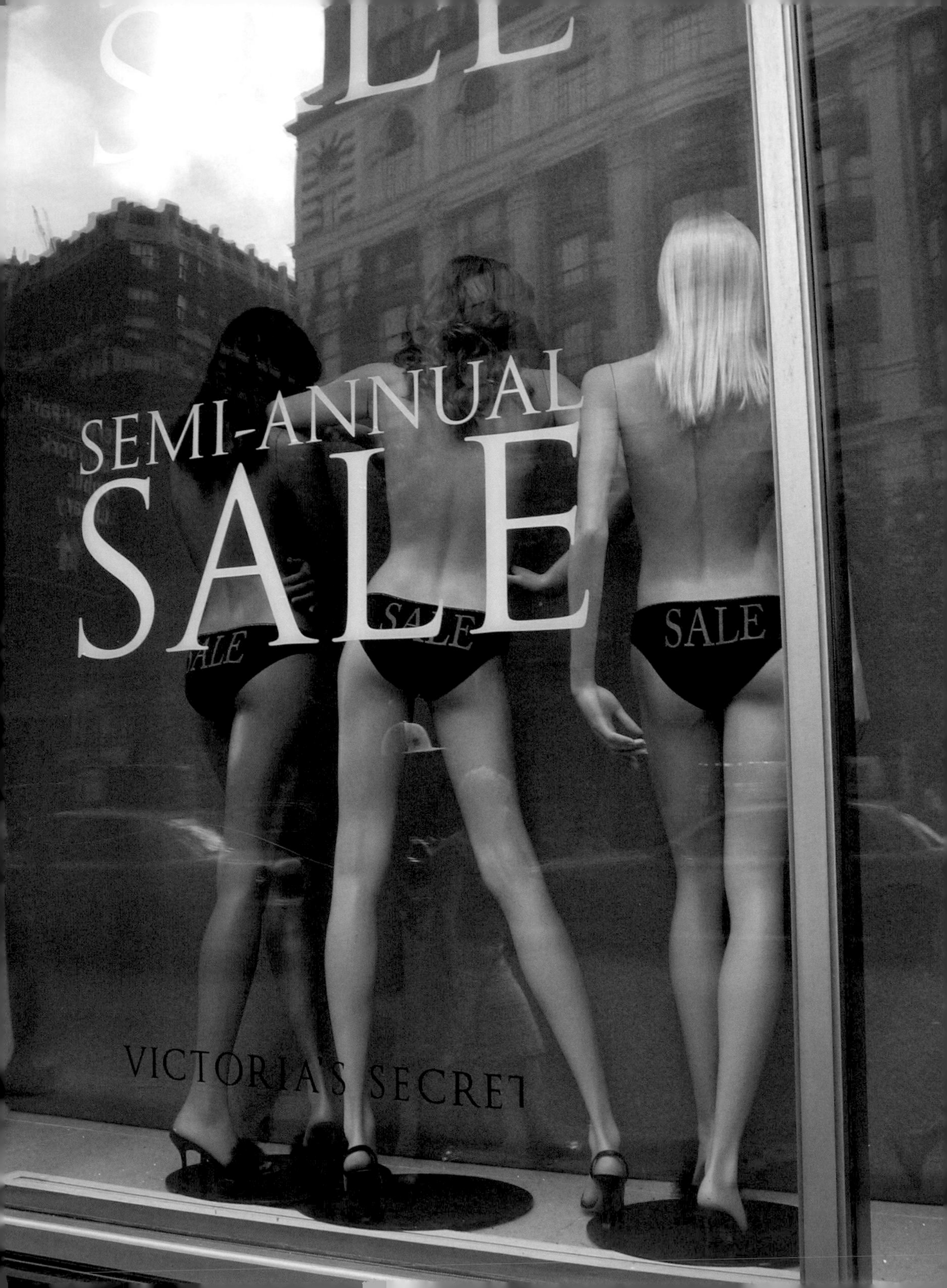
SEMI-ANNUAL
SALE
SALE
SALE
SALE
VICTORIA'S SECRET

PART TWO

CLOTHING

學 美 國 人 衣

在美國買東西都歡迎退換

在消費者意識高漲、店家競爭激烈的美國，對於退換貨政策享有更大的福利。只要在鑑賞期內、全新未使用，通通有辦法退換。甚至家人朋友送禮，都會貼心地附上收據，讓你可以隨時拿回去變現，或是換個自己喜歡的禮物呢。

在美國買衣服，雖然沒有發票可以對獎，但是收據萬萬不可不拿，別小看這一小張紙，換貨、退貨全靠它。

雖然多數的服飾店都歡迎客人試穿，但善變的女人三心二意是家常便飯，試衣間的魔術大鏡子讓五短身材瞬間窈窕高挑，偏偏鏡子不能帶著走，回到家還是得面對現實，在試衣間裡的妖嬌美麗竟然變得如此俗不可耐，還是美國比女人更瞭解女人，不管是衝動性購物還是認清現實，二話不說就把錢退還。

雖然每一家的退貨政策不盡相同，店家的「鑑賞期」從三十天到三個月不等，鑑賞期內只要沒有穿戴出去且原標籤還在的衣服、鞋子、配件等，通通退現金或退回信用卡(如果是刷卡付款)。過了三十天或是收據不見了也不用自認倒楣，有些店家會退回同等價值的Store Credit，不過只限在該店使用，也有店家只提供換貨

❶ 客服中心專門接受退換貨。
❷ 保留收據且標籤未剪下才方便退換。

(Exchange)，所有的規定通常在收據後面都可以找得到，為了保留善變的權益，再小的字都要看一遍喔。

只要有吊牌，穿過用過都可以退？

雖然退換衣服、鞋子都有明文規定必須全新未穿過，再怎麼奉公守法的民族總有愛貪小便宜的人，他們道高一尺、魔高一丈的把吊牌藏好，穿戴新行頭參加派對後再退回，一般店員也不會仔細檢查，只要看到吊牌、收據就悉數退款。

退回來的衣服會如何處理呢？既然理論上是沒有穿過，店家會直接掛回架上賣，這時候問題就來了，我們都享受退貨的方便，但是沒有人願意用原價買到別人穿過的衣服。

> " 雖然每一家的退貨政策不盡相同、店家的「鑑賞期」長短不等,但鑑賞期內只要沒有穿戴出去且原標籤還在的衣服、鞋子、配件等,通通可退現金或信用卡款項。 "

「維多利亞穿過的祕密」

此間新聞的「保障消費者權益」單元曾做過相關的報導,他們到內衣知名品牌「維多利亞的祕密」(Victoria's Secret)將購買的內褲做上記號後退回,過幾天再去店裡看,赫然發現被做了記號的內褲又被掛回架上賣,他們找出店經理問:「如果有人退回穿過的你們也都直接掛回去賣嗎?」店經理當然斬釘截鐵的說不可能,原則上穿過就不能退了,但諷刺的是,該單元採訪了另一間知名百貨公司,他們坦承其實70%退回的衣服都是被穿過的,但只要消費者宣稱是全新的,他們也很難拒絕。

只能說在美國買衣服,雖然享受到可以退換貨的方便,為了保障自己的權益,結帳前還是仔細檢查是否有穿過的痕跡,至於自己穿過的,還是別退了吧,免得哪一天報應到自己身上。

雖然說台灣的衣服通常不能退,但是有一項服務是美國沒有的,就是長褲的修改,在美國是沒有「免費」修改這件事的,改一條褲子長度的價格是7塊美金。這點忍不住要大大褒揚一下台灣的服務,許多品牌在非折扣期間都免費提供,而且現改現拿,超方便的。當然啦,改下去了也不能退囉。

總歸一句話,跟美國人學過生活的好,也別妄自菲薄忘記自己的優點呢。

1～4 不管是超級名牌還是平價名牌都接受退貨。

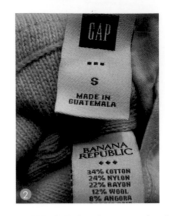

❶ Century 21雖然稱為「折扣店」（discount store），其實是另一種形式的outlet。
❷ 有◆◆◆或■■■標記的是另外為outlet生產的商品，而非正品的過季商品。

逛 Outlet
精打細算、
名牌穿不完

百貨公司打折時堆滿衣服的「花車」，就是婆婆媽媽們搶購起來絕不手軟的台灣版小型「outlet」。在美國更是千倍、萬倍於此的規模，連各大名牌都紛紛投入這塊市場，為自己創造輝煌業績。

其實outlet store或是factory store對台灣人而言一點也不陌生，從「名牌穀倉」到「暢貨中心」其實都是不折不扣的outlet，講白了，就是將過季商品以原價對折以下的價格繼續賣，只是在台灣多數是由單一品牌或是單一代理商所設立，規模不夠大逛起來不過癮，在美國還有購物中心都是由outlet store組成，幾十家甚至上百家的名牌全員到齊，以地攤價買到那個夢寐以求、只能遠觀不可褻玩焉的名牌包，堪稱人生一大勝利。

outlet mall是道地的美國產物，最早只有單店開在工廠或倉庫旁邊，一些庫存貨或瑕疵品就直接放到outlet store賣，所以這些outlet store通常都在遠離市區的地方，有些甚至在一片農田裡，一方面降低成本，一方面也避免搶走市區正牌店的生意，當outlet store聚集在同一個屋簷下，就變成了更好逛的「outlet mall」。

逛outlet需知：

1. > 先做功課

    美國地大物博，連outlet mall都大到一種誇張根本逛不完的程度，所以決定前往血拼前一定要先做功課，上網先查詢該outlet mall有哪些品牌，一到目的地看地圖查好地理位置就鎖定目標殺進去。

2. > 花小錢省大錢

    雖然outlet mall的價格已經是折扣再折扣，可以再省一筆的時候還是不要跟自己荷包過不去，到服務台問問該outlet mall是不是有折價券，雖然得花個五塊、十塊美金買一本，得到的優惠絕對物超所值，這些折價券提供的優惠不等，有些是買滿多少金額再打八折，有些是送贈品，有些是只要出示折價券就有折扣，一張張仔細看清楚，既然大老遠跑一趟，當然什麼優惠都不能放過。

3. > 頂級outlet還是平民outlet？

    就像百貨公司有像先施百貨、遠企The Mall走高價精品路線，也有像Sogo、三越百貨走大眾化路線，Outlet Mall也有這樣的區隔，簡單的分法是凡是冠上Premium Outlet的就主打精品名牌，如名牌敗家女來美國東岸必朝聖的Woodbury Common Premium Outlets就屬於這一種，舉凡Chanel、Prada、Georgia Armani、Burberry等一個都不少。

演變至今，雖然outlet mall依然以過季商品為主力，但為了提昇買氣打造流行新指標，不少品牌也會挾帶當季商品在outlet store現身，碰到了還真的是祖上積德呢！

注意囉，outlet牌跟正牌是有差的

幾乎所有的名牌都設有outlet store，但是演變至今很多牌子為了讓價錢更具競爭性，與其等著正牌過季商品進貨，他們乾脆另起爐灶開一條outlet store線，在outlet store賣的都是正牌店買不到的outlet牌。以台灣人偏愛的Gap及Banana Republic在outlet賣的都屬這一款，雖然品質上外行人看起來並沒有太明顯的差異，但總有一種次級貨的感覺，尤其現在台灣網路拍賣盛行，這些台灣買不到的名牌格外搶手，下單前記得看清楚、問明白，注意看標籤的部分如果有「◆◆◆」的符號就是outlet牌，稱不上正品。

雖然台灣地狹人稠，未必適合大型的outlet mall，但是台灣也有不少品質、價格頗具競爭性的本土品牌，或是適合台灣人尺寸的日本、韓國、香港品牌，什麼時候大家可以團結起來開一家小而精、小而美的outlet mall呢？

◎網站推薦

1. http://www.premiumoutlets.com/

2. http://www.primeoutlets.com/

    這兩個網站是全美兩大premium outlet集團的網站，從上面可以找到全美premium outlet的所在地以及他們所賣的名牌有哪些。

3. http://www.outletlocator.com

    平民化outlet的大蒐集，上面還有折價券呢。

學美國人在車庫拍賣中尋寶大作戰

隨著時間與生活所堆積的林林總總各色物品，美國人喜歡用「車庫拍賣」來拍賣一空。在別人家的車庫裡尋找自己心目中的寶貝，有什麼休閒活動比這更有趣、更能連絡感情！

① 逛車庫拍賣除了尋寶外還可以聯絡鄰里感情。
② 鍋碗瓢盆是車庫拍賣中最常見的品項。
③ 等待新主人的二手衣。

全美各地每到週末假日，就會發現到馬路上的電線桿貼著各式Sale的宣傳單，不管是階梯拍賣(Stoop Sale)、車庫拍賣(Garage Sale)、院子拍賣(Yard Sale)還是吊牌拍賣(Tag Sale)，其實都是在講一件事—「舊貨出清、賤價拋售、一件不留」。

逛車庫拍賣，或是主辦一場車庫拍賣，已經成為許多美國人週末最主要的休閒娛樂之一。不同於跳蚤市場的在商言商、eBay拍賣網站只能憑著照片做交易，車庫拍賣多了一份人情味及親切感。畢竟只是兼差、賺外快、打發時間的，與其說是做生意，不如說是把大掃除時清出來的「食之無味、棄之可惜」的衣服、玩具、家電、首飾等拿來資源回收再利用，價格也一切好商量，街坊鄰居們還可以藉此機會閒話家常、聯絡感情，難怪氣氛和樂融融。

①

搶錢夫妻的快樂祕訣——
逛車庫拍賣

　　別以為逛車庫拍賣的都是買不起當季新品的貧窮人家，友人S和她老公之前買下紐約的房子，他們兩個人最大的嗜好，就是週末起個早，穿著短褲、涼鞋，尋覓車庫拍賣的良品。「別人家的垃圾可能是咱們家的珍寶。」抱持這樣的理念，他們為新居找齊了古董桌椅、櫥櫃、園藝用品等，省下來的錢，他們添購了一套家庭無線上網的基地台，兩個人各自擁有的一台桌上型、筆記型電腦，因而可以同時上網，也不怕電話佔線，徹底實現了無線上網的行動生活。

　　除了省錢之外，那種尋寶的樂趣及滿足感，也是在一般的商店購物時所無法享受到的。有一回，我和另一半週六午後閒來無事，便到布魯克林的「公園坡」散步，

沒走幾步路就可以看到一家車庫拍賣。不經意間，我瞄到一個有著厚重陶瓷外殼的慢燉鍋(slow cooker)。早就聽說慢燉鍋用來煲湯、燉煮是既好吃又不費力的烹調方式，早上出門時插上電，晚上回家時就有一鍋好湯了。我看看標價，看來沒用過幾次的慢燉鍋竟然只索價5元美金，女主人很親切的招呼我們，我將燉鍋裡外仔細檢查過，一切完好，銀貨兩訖。女主人很小心的將燉鍋用牢固的厚紙袋裝好，確定我們攜帶沒問題後，才放心的交給我們，同時還不忘跟我們推銷那台義大利咖啡機，還附送磨豆機喔！雖然價格十分吸引人，我們考慮到沒有空間放而作罷。這個5塊錢的慢燉鍋已經讓我在今年的寒冬，享受到熱騰騰、暖呼呼的雞湯了。

體驗美國車庫拍賣必勝撇步

對一個外來的遊客而言，要如何在車庫拍賣中有所斬獲，除了靠運氣外，當然事先做點功課絕對可以讓你事半功倍。以下綜合了各車庫拍賣專家的意見，讓菜鳥也可以出手如行家。

◎哪裡找

多數的車庫拍賣都在週末舉行，從星期五到星期天、早上9點到下午4點，一個住宅區內可能有十來個車庫拍賣，正此起彼落地進行交易，只要鎖定該區主要街道的電線桿或社區布告欄，就可以得知拍賣的確切地點及時間。如果不想走冤枉路，出發前不妨先上網搜尋。

1. www.GarageSaleHunter.com將全美五十州的拍賣再依照地區、時間細分，搜尋十分容易，甚至還可以連結到該拍賣地點的地圖。

2. 人在紐約，則可以上newyork.craigslist.org點進garage sale的選項。

◎品項選擇

車庫拍賣的品項幾乎可以用「族繁不及備載」來形容了，一般最常見的不外乎衣服、鞋子、手錶、首飾、書、CD、玩具、相框、小家電、瓶瓶罐罐、鍋、碗、瓢、盆等，這些也是比較適合遊客選購的品項。不然像割草機、大型家具、滑雪器材等需要貨運的東西，就算再喜歡，也只有遺憾的份了。

◎二手衣

很多人對二手衣都敬謝不敏，總覺得穿別人穿過的衣服全身上下都不對勁。其實二手衣在美國十分普遍，甚至有專賣店，賣家通常都將衣服清洗甚至乾洗過，所

出國跟著體驗：

1. ＞http://www.yardsaleaddict.blogspot.com/
   資深車庫拍賣迷的部落格，包括許多精彩的
   拍賣品項照片，也可連結到其他車庫拍賣的
   網站。

2. ＞http://www.127sale.com/
   號稱全世界最長的車庫拍賣，沿著127號公
   路跨越肯得基、田納西、阿拉巴馬三州綿延
   450英里。

① ～ ③ 各式各樣的車庫拍賣傳單。
④ 沒有車庫就在人行道上拍賣吧！

以不用擔心清潔的問題。有個喜歡在車庫拍賣搜尋二手衣的買主打趣說：「想想你在飯店睡的床單、枕頭，之前有成千上萬的人睡過，你都不在意，二手衣又算什麼呢？更何況很多二手衣幾乎和新的沒兩樣。

◎手錶

曾經在一個車庫拍賣，看到許多價格在10元以下的古董錶，姑且不論其年代是否真的久遠、還是只是仿古的造型，起碼造型都很別緻，而且每種款式都只有一支。主人說，這些都是他到各處蒐購來的，狀況都很好，有買家一口氣就買了好幾支，帶著滿意的微笑離開。值得一提的是，購買這些需要使用電池的品項，如手錶、玩具等，記得檢查電池的狀態，如果電池放在裡面太久沒用，對物品本身很容易造成損害，細心的主人會將電池先取出。

◎CD

選購CD的時候，除了檢查CD本身有無刮痕外，也別忘了檢查外殼與裡面的CD是否吻合，免得想買的是酷玩樂團，回家一聽卻出現嘻哈寶典。

自己也可以辦車庫拍賣

台灣有越來越多動輒上百戶的社區，規劃完善的公共空間正好可以用來辦車庫拍賣。尤其是換季時各家都清出不少棄之可惜的衣服、雜貨等，不妨選一個週末在社區的公共空間辦拍賣大會，不僅大家可以互通有無，還可以閒話家常搏感情呢。

學 美 國 人
逛 網 路 瞎 拼

網路購物漸漸成為美國人生活的一部分。各家為了抓住忠實客戶，無不祭出更加貼心、更多好禮。讓你在網購時不只得了便宜，還能享受更多的附加價值。

逛「實體店面」還是樂趣無窮。

雖然美國的Mall已經讓人逛到天昏地暗，加上競爭激烈，各家知名品牌莫不使出渾身解數推陳出新，從砸重金做形象很難賺到錢的旗艦店、到被翻到像外銷成衣大賣場的連鎖店，再加上新銳設計師掛不到十件衣服的個性小店，穿不到、摸不到的購物網站理論上來說應該生存空間有限吧？我原本也是這麼想的，但是少了店面、人事管銷成本的虛擬店鋪在價格上往往有令人驚豔的價格，加上特價品出現的頻率比起實體店面能屈能伸，於是網購硬是在已經競爭到爆的零售通路中殺出一條血路。

美國購物網站選貨、
退換政策嚴謹

此外就我的觀察，美國市場其實頗為「愛國主義」，一般人對念不出來的火星

要退貨的話直接將Smart Level貼上包裹不用貼郵票直接寄回即可。

Min的私家網購祕技：

1.＞不買無名牌品，品質較沒保障。
2.＞不買課營業稅品(註)，當然偶有例外，如可以免運費的話尚可接受。
3.＞讀清購物需知時不下手，譬如如何退換貨接受期運費營業稅等。
註：美國的稅頗複雜，平常在實體店鋪購物時要付的稅有州稅（紐約市還有市稅），在網購時則各家規定不同，有些是全國一律免稅，有些是如果送貨地址在公司所在地就得付該州的州稅，也有不管網站公司位於何地，全國都得付稅金，或是只有列出某些州必繳的規定，唯一的方法就是下單時先看清楚囉！

文品牌接受度十分遲緩，而網購正好彌補了這塊空缺，消費欲望戰勝愛國主義，想買哪一國，就買哪一國。

當然啦，網購最令人計較的就是運費跟退換貨的方便度了，我也用過網購，只是紐約出門逛街實在超級方便，又可以愛怎麼試穿就怎麼試穿，我的網購經驗屈指可數，不過都是頗令人滿意的經驗，如以賣書起家的Amazon後來生意越做越大到什麼都賣，儘管他們有許多結盟的小廠商，但都是透過Amazon結帳並受到Amazon的保障。

有一回我透過結盟廠商買的商品在付款後並沒有收到貨，我按照Amazon的指示先發email給該廠商(Amazon也寄了一份副本給我表示確認)，沒收到回音後再直接跟Amazon聯絡，Amazon的客服隔天就發了一封道歉信來，表示他們會在一到兩個禮拜內直接將錢退到我的信用卡上，同

時為了表達歉意，Amazon會在我的帳戶裡直接存入十塊錢，下次購物就可直接使用，結果不到一個禮拜我就收到確定退款的通知，乾淨俐落不說，還讓我賺到了十塊錢呢。

曾經住在普林斯頓鄉間的友人Min當時雖然偶爾也會上來紐約補貨，多數時候她還是得乖乖待在家裡爬格子兼相夫教子，為了滿足她品味長在頭頂上、下起手來卻又錙銖必較的雙重人格，多年來從美國買遍全球，可說是實戰經驗豐富的網購一族，於是特別情商Min(www.minpicks.com)貢獻出她的嚴選網站及網購必殺密技以饗讀者，也順便見識美國購物網站選貨、退換貨政策的嚴謹，雖然台灣的讀者暫時買不到，但在網拍盛行、競爭激烈、人人都可以成為賣家的台灣，就給有心經營網拍的人參考吧。

①～③ 網購的戰利品。

④ 收到商品記得對明細表。

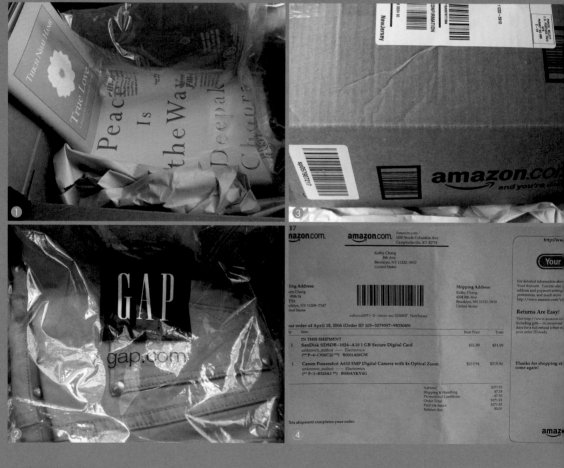

Ways to Shop

Bluefly 號稱網路名牌折扣店 ▶ http://www.bluefly.com/

1 好處是：品牌多(也有居家飾品)，退貨期長，約3個月，方式簡便，目前全美都不收營業稅，未來不可知。網站的搜尋也很親和，不過個人覺得這站適合找中規中矩基本款，譬如質感好的開斯米爾毛衣或是休閒居家服之類，光顧的經驗裡，有出過一次差錯，商品品質不優，可是退貨退款極為爽快，目前若是買到瑕疵品，網站可以退換，但若是因為尺寸或不合期待的因素，必需退貨另買，因為網站裡每件貨的量和尺寸都極有限之故。

2 **Yoox 時尚女最愛挖寶處** ▶ http://www.yoox.com

喜歡歐系品牌或名牌設計款的時尚女，請看過來吧！據我所知，這網站也是美國女性雜誌編輯們的流動衣櫃，品牌品質俱優，而且款式並非平常賣場可見，價格自然難以比較，不過有紐約時尚女的背書，肯定不差，我個人不太喜歡它的介面照片，不夠親和，瀏覽起來很累人，要命的是不花點時間看看，想當然爾挖不到寶，老讓我處於掙扎中，此家也是不加稅的，不過它的退貨手續較為麻煩，需要幾次練習方能上手，期限也只有二週，所以下單前要深思。
補充說明：此間網站目前已經有全球送貨的服務，台灣也在名單上，用UPS送貨到家，稅及運費得實際從台灣下單才會顯示出來。

3 **Shopbop當紅設計師品牌集中站** ▶ http://www.shopbop.com/

Min的愛站，主要是因為它牌子帶得又新又快，而且還有一些市面上不容易看到的品牌，就算同牌子，它挑的款式就硬是比其他家好看，不過，我通常不會在原價時出手，我一向秉持的血拚理念是——沒有什麼單品是買不到會出人命的，所以有緣則來，無緣就算，所以我總是抓住每年約兩次的換季大折扣期下手，以這個角度看，還是值得一逛的。至於營業稅，除了威斯康辛州之外，皆不外加，商品品質優，退貨也挺方便，期間約為一個月。

4 **Bananarepublic買折扣品最優** ▶ http://www.bananarepublic.com

其實自家附近就有店頭，不過我個人經驗覺得，若要買折扣品的話，網上訂品質更有保障，幾次經驗都是全新貨色，不致發生在賣場裡商品買來挑去，都像二手貨的感覺，網站上，通常買一百二十五美金左右都可免運費，退貨可直接拿到店裡，非常方便，不過因為是全國連鎖品牌，營業稅還是逃不掉的。

我不要一窩蜂 ──學美國人 愛耍性格

台灣人哈日，日本人卻哈美？！說穿了，日本人也羨慕美國人那濃厚的個人式流行風格，不管什麼衣服、有牌沒牌，穿到美國人的身上，就是有型！

當我還是個小哈日的時候，我的日本友人卻千方百計的想離開東京到美國工作，他在美國念的大學，畢業後因為工作沒著落還是回到東京，當我三不五時往東京跑豔羨原宿流行時尚時，他卻指著街上三個穿著類似T恤的年輕人冷嘲熱諷的說：「幹嘛沒事穿得像像連體嬰一樣，日本人最沒個性了，無法忍受不一樣的人或自己跟別人不一樣，每個人都要走在流行尖端，結果每個人都穿起了制服。」

這是他最想離開日本的原因，因為他嚮往美國的個人主義。

要有logo才算名牌嗎？

剛來美國的時候，習慣了台灣人的一窩蜂及日本人以同質性為榮的文化，還真是無法苟同美國人我行我素的時尚觀，「根本是後知後覺的流行白癡嘛！」當低

T恤、牛仔褲是美國人最普遍的打扮，舒服比流行重要。

腰緊身牛仔褲席捲時尚界時，高腰寬鬆牛仔褲在美國依然隨處可見；當亞洲女生都穿起了娃娃裝，美國女生還是照穿窄裙，奇怪，Donna Karen、Anna Sui、Kate Spade不都是美國人嗎？Coach、Polo、Kenneth Cole不都是美國名牌嗎？怎麼美國人自己反而不買單哩？

很重要的一個原因，這些名牌雖然每一季都有當季的流行款，但也有一半以上的款式都是不退流行的經典款，所以就算全身混搭各家的名牌，也不會如暴發戶的俗不可耐。台灣雖然也有進口這些名牌，但代理商的Buyer為了迎合市場需求(誰願意砸錢買一件看不出是名牌的衣服或皮包)，如果不是當季流行或logo顯著的樣式，相對採購的比例也比較低。如在台灣、美國都紅透半邊天的Coach，台灣進的就以經典logo包為主，在美國主打的反而是讓Coach品牌年輕化以色彩取勝的款式。

從小照自己的意見穿衣服

美國小孩從小就被訓練要有主見，私立小學要穿制服，公立小學都是穿便服上學，每天上學穿什麼，小孩子都可以參與意見，我朋友的混血兒寶寶今年才四歲，已經會理直氣壯的跟媽媽說：「今天我要穿黃色的。」

這樣教出來的小孩是有主見的，會表達意見的，也會得到等同於大人的對待，每一個人都是獨立的個體，不管是大人還是小孩，他們並不是跟不上時代、跟不上流行，而是更知道自己要的是什麼。

對了，如果你問我那為什麼慾望城市的四個熟女莫不集性感、美麗、智慧與名牌於一身呢？她們穿的可都是經由御用造型師針對角色專案設計，並從眾多進貢名牌中精挑細選出來的，想要蓬頭垢面出門都很難吧。

> 美國小孩從小就被訓練要有主見，也會得到等同於大人的對待。美國人並不是跟不上流行，而是更知道自己要的是什麼。

被訓練有素的
稱讚別人的品味

另一方面，美國人也很鼓勵口頭上的讚美，有句話是這麼說的：「如果你說不出什麼好聽的，就啥也別說吧。」(If you can't say something nice, then don't say anything.)他們隨時隨地都可以從別人身上找到優點稱讚，「妳的項鍊好特別喔」、「你的球鞋好可愛喔」、「你這件夾克看起來好暖喔」，剛開始從小被教誨要謙虛的我都很不好意思的回說「沒啦、沒啦」，這樣反而把對方弄得很尷尬(是我稱讚錯了嗎？)久而久之也習慣了，大大方方的回一句「Thank you!」反而皆大歡喜。

有主見加上被稱讚的結果，讓美國人不再需要一窩蜂的跟流行，因為流行只是一種大眾品味，未必適合每一個人，還不如發揮自己的優點，有自信的女人最美麗，男人也一樣。

Think Outside the Box

曾經和另一半討論過這個問題，他說為什麼美國人發明了電燈、汽車、電視，有微軟、蘋果電腦、Yahoo、Google，因為他們最常掛在嘴邊的一句話就是「Think outside the box.」──跳出框框思考，不把自己侷限在框架裡。

其實他要告訴我的是以後不要再批評他只管舒適沒有流行感的穿著，像布袋一樣的超大尺碼T恤、已經抽線的短褲、或是西裝褲配上長袖帽T，好吧，誰叫我嫁了個從小被教導個人主義至上的美國人呢？

1、2 各式另類服裝店。

3～5 不管是一派休閒、名媛時尚還是龐克一族，愛怎麼穿就怎麼穿。

待嫁女兒心
——從尋覓夢幻婚紗開始

台灣婚禮有一條龍的服務，婚紗用租的；但在美國結婚一切要自己包辦，挑一套適合新娘的婚紗，更是大事中的大事。

披上美美的婚紗幾乎是每個女孩子的夢想，高中同學在結婚前忙得焦頭爛額差點想逃婚之際，稍來一封電郵說：「昨天我想了想他的好，你知道嗎，他完成了我兩大夢想，一個是當新娘子穿白紗，另一個就是擁有個一面牆的書櫃，所以我很感動呢！」就這樣，她心甘情願地把自己嫁掉了。可見，婚紗對女人的致命吸引力有多大！

在台灣結婚繁文縟節雖多，起碼有「你要結婚嗎？你要拍照嗎？」的一條龍包套婚紗攝影，從婚紗、化妝、拍照、甚至喜帖、喜餅都可以搞定，幫新人省下不少力氣。而且婚紗都是用租的，拍照穿一套、喜宴穿一套，歸寧再穿一套，只要結一次婚就可以過足穿婚紗的癮。

英國維多利亞女皇的白色婚紗

在美國結婚，一切都得自立自強。從當初打算在美國結婚時，有經驗的朋友早就耳提面命說，在美國結婚新娘最大，一切由女方作主，不過所有的東西都是分開的，從頭紗到鞋子、從喜宴到結婚蛋糕，每一個都是分開賣的。

「要租也是可以啦，可是選擇少還又醜又

> 1840年，英國維多利亞女皇結婚時穿的就是白色婚紗，她的白色婚紗照廣為流傳，爾後多數新娘也因此比照辦理，象徵著純真的心，及天真無邪的童年意象。

貴。」「而且，婚紗還不是白色就好，第一次結婚的人才可以穿純白的⋯⋯」「可是我覺得象牙白比較好看。」我不服氣的說。「象牙白是給再婚改嫁穿的，妳又不是。」

為什麼婚紗要穿白色的呢？這可追溯到1840年英國維多利亞女皇結婚時穿的就是白色婚紗(在她之前，除了令人聯想到娼妓的紅色、及葬禮的黑色外都有人穿)，當時她的白色婚紗照片廣為流傳，爾後多數新娘也比照辦理，開始採用同時有著純真的心及天真無邪童年意象的白色婚紗。

尋尋覓覓，我的婚紗在哪裡？

可惜我也沒有老祖母的世襲婚紗，不然在1940年代二次大戰期間，因為婚紗的製作取得不易，當時的新娘或是向親友借現成的婚紗，或是許多母親也會將婚紗當作傳家寶，讓女兒在結婚時穿上自己當年結婚的婚紗。

既然借不成也接收不到，我只好也學著美國新娘，開始從新娘雜誌上找靈感，每每看到簡單大方高雅不流俗款式，令人讚賞之餘，價格也令人嘖嘖稱奇。以我的夢幻愛牌Vera Wang為例，價格帶從2千到6千美金不等，無怪乎她的主顧客都是好萊塢A級一線女星——鄔瑪舒曼、珍妮佛羅佩茲、莎朗史東等。

退而求其次吧，到另一個號稱是婚紗量販店的David's Bridal，雖然有著99塊美金起跳量販價，但是當我看到那跟窗簾有像的材質以及蓬到可以躲進一個花童還有空間的蓬蓬裙時，逛不到兩圈我就決定放棄。

❶ 好萊塢女星最愛──Vera Wang。
❷ 新娘新郎的禮服都是特別找設計師訂做，顏色、款式都有別傳統。
❸ 新娘婚紗的紅色滾邊增添喜氣。

以極簡優雅起家的婚紗
王國──Vera Wang

　　突然可以體會當初Vera Wang決定自己設計婚紗的心情，她在Ralph Lauren當時尚總監時，對於當時傳統婚紗既古板又俗氣的設計失望至極，她於是決定自己設計婚紗，讓優雅、極簡的剪裁及設計襯托出

新娘的魅力，從布料選材到細膩的手工製作的貼珠或花邊，外加宣稱每一季都會開發出三種新的白色布料，讓Vera Wang坐上婚紗品牌的第一把交椅。

　　據調查，美國新娘平均花費在婚紗的錢是800塊美金(美國東岸及大城市的婚紗預算通常高於此)，而美國一年有250萬對新人走入結婚禮堂，所以美國新娘光是花在婚紗的預算就高達20億美金！選定婚紗後(婚禮前六個月)再開始依據婚紗的款式及顏色選擇周邊的「配件」，如自己身上的內衣、鞋子、珠寶、手包等。一般婚紗店的銷售小姐都會鼓勵準新娘，花在「配件」的錢應該和婚紗旗鼓相當，不然如果為了省錢而選些便宜貨，不白白糟蹋了重金訂做的婚紗了。

　　無怪乎Vera Wang的時尚王國除了與結婚相關的珠寶、香水、鞋子

一路延伸到家具，甚至提供全套Spa服務飯店Vera Wang套房等。全美這些從一件婚紗所衍生出的商機(還不包括度蜜月)，高達85億美金，遠遠超過麥當勞的營業額。

雖然預算有限，我還是不想妥協在像蚊帳一樣的婚紗，人家說新娘的運氣特別旺，冥冥之中真的有吧，就在幾乎絕望之際，我和當時的未婚夫現在的另一半到波士頓工作兼玩耍，在波士頓的名店街逛到一家婚紗店(Bridal Salon)，原本只是進去晃晃，沒想到就挑到一件Vera Wang的白色禮服，A字剪裁及腳踝的長度、小小的魚尾、適合「太平公主」的細肩帶，第一眼就愛上了她，更棒的是，因為被歸類在「伴娘裝」(maid's dress)，一次六個伴娘都要穿一樣的，所以價格也變成幾乎1/6，雖然少了點正牌新娘婚紗的雍容華貴，卻依然保有了Vera Wang的高雅簡潔，連店員都直說我運氣好，而且店員還要幫我量身後才

下訂單，兩個月以後取件，在某種程度上也算是量身訂做的Vera Wang了。

雖然台灣的婚紗店依然以出租為大宗，不過越來越多講求個性化的美眉也嚮往美國這種訂做婚紗的獨一無二感，其實台灣可是不折不扣的高級婚紗代工地呢，很多美國名設計師的品牌都是在台灣代工的，只是在台灣無法直接訂購，但是有所謂的「sample sale」，有興趣的準新娘可以上台灣的「Very Wed非常婚禮」網站的討論區或直接到Yahoo的拍賣網站找到資訊。

◎婚紗網站推薦

1. http://www.verawang.com

 Vera Wang的官網，有當季最新的款式。

2. http://wedding.weddingchannel.com/fashion/gown_bride.asp

 收錄上百個設計師品牌的婚紗，還可以看婚紗秀喔。

PART THREE

HOUSING

學 美 國 人 住

學美國人將時尚設計平民化、超市化

精緻風格的生活用品，但沒有望而卻步的價格。美國的設計師品牌成功地做到了大眾化、平價化的目的，開拓了時尚的全新戰場。

在台灣時喜歡逛誠品的商場跟崇光百貨的寢具樓層，不管是童心未泯的義大利Alessi餐具，還是三宅一生冷靜禪味的寢具，陳列在嵌燈下或實心木架上更是增添其高貴的身價，總令我駐足凝視反覆盤算，終究下不了手敗回家。

沒想到這些被塑造成高高在上的精品生活雜貨，到了美國化身為墮入凡塵的天使，出現在類似家樂福、愛買大賣場的平價超市(discount retailing)中，像引發不少台灣人到香港半島酒店廁所朝聖只為一睹名家設計的Philip Stark，就曾經與平價超市Target合作推出一系列有形有款的生活雜貨，從牙刷、鬧鐘、狗狗貓貓的杯杯盤盤到床組、家具等一應俱全，而原本走高貴也貴路線的產品，進了超市後都變成平易近人超市價呢。

在美國，K Mart、 Target這些平價超市跟一般生鮮超市最大的不同點在於它們不賣蔬果魚肉，而以包裝食品、生活雜貨、家具、衣服、電器等為主力。除了以折扣價商品吸引消費者外，為了與競爭對手做區隔，「自創品牌」是祕密武器。Target算是超市品牌的始作俑者，1962年成立於明尼蘇達州的Target一直都以堅持優質商品、平價供應的概念經營，讓原本高不可攀的設計大師走入市井小民的生活中。走進Target就有一種逛百貨公司的感覺，寬

1962年成立的Target一直都以寬敞舒適的賣場、令人愉悅的色彩，堅持優質商品、平價供應的概念經營，讓原本高不可攀的設計大師走入市井小民的生活中。

敞舒適的賣場，令人愉悅的色彩，不知不覺就瘦了荷包。

從生活中找靈感再回歸到生活的Target牌

最近一波Target的Design for All系列，光是看廣告就夠誘人了，從蛋殼引發靈感的純白瓷碗、從花瓣引發靈感的手包等，生活周遭的小東西都可以被設計師發揚光大，再回歸到生活之中。

被Target找來設計大學宿舍寢具的Todd Oldham，原本是好萊塢A線女星的御用設計師，1995年當超級名模辛蒂克勞馥穿著他所設計5千塊美金一件的洋裝走上伸展台，坐在前排的茱莉亞羅伯茲及蘇珊莎蘭登忍不住起身鼓掌，到現在還一臉稚氣的Todd Oldham算是一路走來始終幸運的設計師。

不過幸運也不是Todd Oldham的唯一護身符，大膽的用色、可愛到令人無法抗拒的設計，加上獨具一格的點子才是成功的金鐘罩，如為Target設計鎖定大學生定價49塊美金的純棉寢具組，除了以橘色、藍綠色的星條旗圖案外，床單正反兩面皆可使用，一面髒了翻過來再用一陣子，正符合大學生懶得洗衣服的習性。而講求環保的Todd Oldham還要求Target把打開就丟的塑膠包裝改成附有拉繩可當成洗衣袋用的袋子。

果然這招奏效，Todd Oldham的宿舍產品線越做越大，從燈具、書桌到告示板一應俱全，雖然Todd Oldham目前暫時從Target功成身退，轉戰另一個家具品牌La-Z-Boy，當年與Target的合作也算是平價超市與時尚設計師合作的成功案例吧。

名牌設計師平價出售

　　另一個紐約出身的時尚設計師Isaac Mizrahi則是媒體的寵兒，他不僅擁有自己的時尚脫口秀，還出版過以名模為主角的漫畫書呢。有一次看到他上別人的脫口秀打自己的節目，就大剌剌的表示他身為洋基迷，完全是貪看身著由蒂芬尼設計經典洋基球衣球員的英挺俊俏，深怕大家不知他是同志似的。

　　這樣的Isaac Mizrahi為Target所設計的商品也是語不驚人死不休，像最新一季的家具跟寢具都以純白為底色搭配大到有些諸張的罌粟花為母題，適合在外行事低調卻把家裡牆壁漆成南瓜奶油橘跟薰衣草紫的悶騷一族(咦，這好像是在說我自己吧)。

　　如果心臟沒這麼強壯承受不起大膽用色，Target牌還有兩種選擇，一個是在古典美國精神中滲透現代語彙的Thomas O'Brien，不同於多數走現代風格的偏向冷調，他的設計簡單且溫暖，自稱走「休閒且高貴、古典且摩登、陽剛且陰柔」(casual and elegant, classical and modern, masculine and feminine)路線，還真是符合咱們老祖先的「陰陽調合」呢。

　　另一個選擇則是建築師出身還在普林斯頓大學作育英才四十載的Michael Graves。與時尚設計師出身的風格正好相反，建築師出身的用色低調、時尚設計師出身的用色炫耀，前者風格簡練，後者風格浮誇，Target牌果然是兼顧了各種客層，一網打盡，無怪乎我每次去逛Target都可以看到上自同志雅痞白領下至心寬體胖藍領推著購物車井水不犯河水。

　　另一個平價超市K Mart則選擇與素有居家女王之稱的瑪莎史都華Martha

① Target是平價超市的代表。

②、③ Target與風格迥異的設計師們合作發展出一系列的價廉物
美居家用品。

④ Isaac Mizrahi的作品。(圖片提供 / Target)

⑤～⑦ 瑪莎史都華在K Mart的Everyday系列生活商品。

Stewart合作，她在K Mart的獨賣商品——
Everyday系列，產品如其名賣的都是些天
天用得到的家居用品，廚具、床組、家具
等等，跟Target牌比起來，K Mart牌走的
是安全溫情路線，在顏色、花色上都溫文
儒雅得多，材質也具一定品質，典型的中
產小資路線。

　　越來越多時候我逛Target跟K Mart已經
不提菜籃了，買菜絕對有比他們更便宜更
方便的地方，生活雜貨還是他們家的最物
美價廉囉。

◎網站推薦

http://www.target.com

http://www.kmart.com

雖然目前Target跟Kmart都尚未接受國際
訂單，就先當作window shopping吧。

① 大到像倉庫的居家修繕用品專賣店——Home Depot。
② 如調色盤般的油漆。

學美國人
居家修繕
一切自己來

因為人工昂貴，再加上大型居家修繕
購物中心、電視頻道教育宣導的推波
助瀾，美國人居家DIY的功力因此一再
提昇。放假休閒時好好地美化自己的
居家環境，讓每一滴汗水都值得！

幾年前飛到西雅圖參加好友V的婚禮，當時他們的房子剛整修完廚房，廚房快變成了他們家的showroom，每個客人進來第一件事就是被帶進廚房，看的重點不是廚具也不是爐具，而是每一個精挑細選的櫥櫃門把、可以左右開弓的水龍頭等，從左一句Wow，右一句God就可以得知大家對「用心良苦」的讚嘆。

從很久以前好友就跟我說，她跟當時的未婚夫為了廚房的整修三不五時會到「Home Depot」(全美最大的居家修繕中心)報到，原因不外乎光是廚房櫥櫃門把就有好幾百種的選擇，很多看起來差不多仔細看才發現箇中差異，對於挑剔的人來說能挑的可多了呢。

如果哪天逛衣服、逛包包、逛鞋子逛膩了，來逛逛居家修繕中心吧，保證別有一番新天地。記得我們剛搬新家的時候，雖然只是小小的紐約公寓也需要添購一些雜

③ 光是門把就有無數選擇。　④ 各式造型的蓮蓬頭令人眼花撩亂。　⑤ Home Depot還提供工具租用的服務。

物，改地址後郵局寄來的確認通知還包含了一本「祝賀喬遷之喜」的折價券(美國人果然會做生意，連寄個通知都不放過商機)，其中正好有Home Depot的折價券，我跟另一半決定好好利用一下。

劉姥姥進大觀園現代版＝逛Home Depot

理論上寸土寸金曼哈頓的店規模比全美各地的店算是比較精簡的，逛起來還是像劉姥姥進大觀園般眼花撩亂，我們要買的鞋櫃就有鐵架、木架、塑膠架、8雙、12雙、24雙不同的排列組合，還有針對架在衣櫥裡的設計，不過這跟選油漆比起來還是小巫見大巫，有幾十種綠、幾十種紅、幾十種藍等厚到像字典的色卡就已經夠暈了，這還只是一種品牌，每一種品牌都有一本自己的色卡、自己的型號，油漆的種類還分為底漆、修飾漆等，走一趟下來總算理解人生是彩色的真諦。

我的大學同學C在台灣時是養尊處優的公子哥，來美國十多年被「民族大熔爐」的強大火力徹底改頭換面，近來最大嗜好是上eBay競標古董家具，然後再自己重新翻修、整理後煥然一新。他的繆斯(靈感來源)是HGTV——House and Garden TV居家花園頻道，顧名思義，該頻道專播關於室內設計、DIY自己動手做、翻修舊房子賣個好價錢、拈花惹草顧花園的節目，三不五時還會穿插一些世界豪宅之旅、歐洲農莊之旅等結合旅遊跟看房子的節目。

就像看美食頻道學做菜一樣，我也從中學到不少撇步，譬如說油漆的妙用、幫沙發變裝等，花小錢就可以讓家改頭換面。

❶～❹ 友人Sylvia和她老公兩個人合力完成的patio（圖片提供／Sylvia Wey）。

室內設計裝潢節目
賺人熱淚？

其實美國人如此迷戀室內設計、居家修繕，當然不是打從娘胎就帶著DIY基因出生，很重要的原因是美國的專業工匠時薪比天高。如友人W在紐約州兩層樓的木造房子只是請人清洗外皮並重新上漆，3天半3個工人(半天清洗，3天上漆)就花掉了他們4200塊美金(將近台幣15萬)，而且房子每幾年就要重新漆一次。

所以能自己來的還是自己來吧，W兩夫妻花了一整個夏天整地，用電腦Auto Cad畫出草圖，不假他人之手一磚一磚的鋪出後院的露台(patio)，不僅省下了昂貴的工錢，從廚房落地窗往外看到自己流血流汗的成果，心中的成就感是更是千金難買。

無怪乎凡是DIY相關的節目都可以創造話題及不錯的收視率。如TLC頻道的《Trading Spaces》、Discovery頻道的《Design by Surprise》等，趁著老爸出門上班，設計師主持人協同一票熱心公益的朋友，將老爸打算將閣樓改裝成吧台卻因一直沒空(或是懶惰)而擱置的計畫，以迅雷不及掩耳的速度完成。節目的最高潮，當然是老爸下班回家看到夢幻吧台竟然從天而降的錯愕表情，完全不需排演就可以獲得最佳演技獎了。

更大手筆的，就是把整間房子打掉重蓋一個給你。ABC台的《極度整容──家庭版》(Extreme Makeover──Home Edition)專找些有著遭遇令人為之鼻酸的家庭，如一家四口聾的聾、瞎的瞎，或是丈夫在伊拉克戰役中為國捐軀，留下老婆跟兩名稚女等的家庭，先把一家人送去度假一個禮拜，《Extreme Makeover》的設計小組加上小鎮承包商的友情贊助，再

針對該家人的需求蓋新房子、添購新家具，再替他們辦個盛大的House Warming Party，當然又是一陣賺人熱淚。

這些蓋房子、買家具、度假的經費從哪來呢？別擔心，在商言商，只要節目中打出某某居家修繕中心、某某營建、某某主題樂園商贊助，既打形象也打廣告，室內設計師小組也成為家喻戶曉、炙手可熱的名人，做善事嘛，當仁不讓囉。

在美國要當賢妻良母
非會DIY不可

其實看這些節目除了跟著主人翁一把鼻涕一把眼淚外(真是服了煽情的美國人，連蓋房子的節目都可以做成這樣)，還是多多少少可以學到些DIY的靈感，另外透過螢光幕就可以登堂入室進到別人家的主臥室，也算滿足了一種偷窺欲吧。

◎網站推薦

1.http://abc.go.com/primetime/xtremehome/

《極度整容──家庭版》的官網，除可以看到他們協助卡翠納颶風受災戶的重建，以及每一個個案整容前、整容後的照片外，每一集安裝的家電器具都有詳細的清單，可直接連結到該贊助商Sears的網站下單。

2.http://tlc.discovery.com/fansites/tradingspaces/tradingspaces.html

《Trading Spaces》的官網，除了每一集的介紹外，還有不少室內設計的實用撇步。

3.http://www.hgtv.com/

HGTV的網站，從廚房、浴室、房間、改裝、花園等都有專家提供撇步，最讚的是可以從網路上直接觀賞「教學帶」，如油漆該怎麼挑、怎麼漆，刷子怎麼選等，看完就可以動手做了。

學美國人守望相助、社區意識高漲

社區意識的高漲,讓美國的社區成為一個有機共同體。大家除了維護硬體與居住環境的品質之外,更同心協力地為社區未來的發展努力,營造美好家園。

❶ 家家戶戶都很盡力維持門面。
❷～❹ 社區同心協力維護的花園。

社區共識,不容破壞

記得N年前第一次來美國玩耍時,落腳的地方是洛杉磯市郊、新興開發的社區—橘郡(Orange County),家家戶戶綠草如茵、花木扶疏,完美到像好萊塢電影的攝影棚。在讚嘆之餘,我的小留學生同學儼然一副老美國的樣子表示:「這些美國人好管閒事的不得了,如果哪一家門口草皮沒割,鄰居們會先發函通知,客客氣氣的請他們照顧好自家的草皮,如果還不予理會,下一次收到的就是帳單了。因為鄰居會『好心』的請人來修剪,再把帳單寄上。」說穿了還是他們擔心一顆老鼠屎壞了一鍋粥,叢生的雜草壞了整個社區的房地產價格。

這樣的義正辭嚴還真是令人無法反駁,不過也不是沒有為了一己之利的,也聽說過因為鄰居的樹枝葉茂密遮到自家的

view，在溝通無效後便擅自請人將樹葉修剪再跟對方收費的，只能說別被「維護社區景觀」的大帽子壓到喘不過氣來就好。

其實社區意識不只出現在景觀上，也出現在抵制大型連鎖企業入侵，像被視為紐約新東村，布魯克林的威廉斯堡(Williamsburg)是藝術家、Hipster(時髦客)的大本營，他們到現在都還不准星巴客、麥當勞等大型連鎖店入侵，為的就是維持威廉斯堡的社區小店特色，因為一旦財團挾重金進駐，獨立經營的家族事業通常無法與其抗衡。

① 琳瑯滿目的社區刊物。
② 紐約客及遊客皆適用的刊物。
③ 每家門前的草皮，也有義務好好維持，所以每一家的門前都是花木扶疏。

免費社區刊物讓居民
與社區接軌

其實發揮社區意識也不只是狹隘的抵制財團入侵，或是修修草皮等比較消極的方式，很多社區都有發行免費的刊物，針對社區的人、事、物、活動等做介紹。蒐集這些社區刊物最快的方法就是到超市的出口索取，很多超市在結帳的出口都會有一整排的免費資訊，從房地產、汽車買賣、成長課程到免費刊物一應俱全，對初來乍到的外來客而言，這是瞭解自己所居住的社區最快上手的方法，而對「原住民」而言，也可隨時隨地與社區接軌。

以我所居住的布魯克林為例，由於幅員遼闊，幾乎每個區塊都有各自的刊物，而且還不只一種，從刊物的風格甚至就可以看出該區塊的居民組成及特質。如以威廉斯堡郵遞區號命名的《11211》就是一本另類風味瀰漫的刊物，本地的藝術、音樂、餐廳或是半嘲諷半認真的探討寵物健康保險的文章一個都不少。

位於展望公園(Prospect Park)周邊而得名的公園坡(Park Slope)則因為擁有媲美中央公園的展望公園及成熟穩重的棕石屋而吸引了不少雅痞小家庭，這兒的刊物《Park Reader》就顯得文藝腔得多，只是介紹一篇早午餐何處去的文章還引經據典的介紹了brunch這個字的典故，除了吃喝玩樂外還多了些知性跟感性。

除了裝訂精美的雜誌外，報紙型的免費刊物更為普遍，探討的議題通常是社區的公共議題、開發案等等，餐廳、親子活動、課程介紹、分類廣告等都是基本的單元，雖然只是小小的社區刊物，編得倒是中規中矩，一點也不馬虎呢！不過既然是免費，得多看些廣告也就可以理解了。

至於曼哈頓，由於本來以紐約為主題的

刊物涵蓋主題就以曼哈頓為主，如《Time Out》、《村聲》(Village Voice)、《紐約》雜誌(New York)等，所以真正屬於社區的刊物反而沒有布魯克林來得精彩，只有在上西城、雀爾喜這種比較偏向純住宅區的地方看到過，不然就是極度小眾只有上東城上流社會才收得到的《Avenue》雜誌了。

誰說大城市是冷漠的呢？蓬勃的社區刊物可拉近了人與人之間的距離！

經驗談——到美國人家作客

看多了電視電影，你不會以為紐約儘是大得嚇死人的豪宅吧？其實尋常百姓家可都不大，如果你也想去借住朋友家，一圓省錢旅遊紐約的夢想，最好先問問朋友方不方便，才不致失禮喔！

定居紐約後，人緣也突然好了起來，不定期有失聯親朋好友現身表示，將有紐約行，不知方不方便借住幾宿？我知道紐約飯店一晚可高達上萬台幣的天價還一房難求，我也知道有朋自遠方來不亦樂乎，只是寒舍不是叫假的，紐約人乾脆把小到不行的套房叫做鞋盒(shoebox)，手帕交、青衫交來打打地鋪也就罷了，半生不熟又坐了十幾小時飛機來的朋友，我還真是過意不去。可是我們家就只有一間房、一張床，要塞下我跟我180公分的另一半以及兩隻半夜習慣性開運動大會的喵喵，唉，我也想跟其他美國人家一樣有客房有專屬衛浴招待大家，除非哪天我中了樂透或是搬到風吹草低見牛羊的州吧。

夢想有一個主題性布置
的專屬客房

　　印象最深刻的是有一回到大姑家作客，呼應位於水岸的地理位置，她選擇了「海」為整個家的主題，日積月累的蒐集都是與海有關的生活雜貨，燈塔圖案的時鐘、毛巾、牙刷架、貝殼造型的香皂碟子、連香皂都是有燈塔的，當然我們的客房也看得到燈塔的油畫。

　　因為到美國人家作客的經驗太好了，才讓我更想禮數周到的比照辦理，其實多一間客房對多數的美國人並不是難事(紐約除外)，窩心的是他們幾乎都會準備不只一套的寢具、不只一條的毛巾供挑選，當然作客時間也不宜太長，一兩天都不是問題，如果超過3天，還是識相點的另尋旅館吧，美國人雖然好客，但也十分重視隱私，就算是家人生活習慣也不盡相同，住太久是會惹人嫌的。

　　雖然是客人，借住別人家也別把方便當隨便，早晨起床就算晚上還要再睡床鋪還是得恢復原狀，冰箱裡的食物別打開就吃，尤其是美國出門都要以車代步，跟著出門也就算了，如果再要求特定的行程或採購特定的東西，甚至要求機場接送，或許主人口頭上答應，下回可能就變成「拒絕往來戶」了。

> 多數美國人喜歡住有歷史有典故經得起考驗的百年老房子,再逐漸改裝成心目中的夢幻家屋。

心甘情願賺錢養「家」

身為客人,我們看不到的是主人全心全意的投入每一個週末假日,春天種花、夏天除草、秋天撿松果、冬天剷雪,再怎麼忙都要分點時間給房子,不然身價再高的房子都會蓬頭垢面的。

不同於台灣人喜歡住新房子的程度竟然可以在只看到工地跟模型就下單買預售屋,多數美國人喜歡住有歷史有典故的百年老房子,彷彿這代表著這房子經得起時間得考驗才能住得常常久久,寧願買下老房子後再逐漸改裝成心目中的夢幻屋,只是相對之下老房子的維修費也相對水漲船高,今天換窗戶明天加蓋露台,無怪乎我在西雅圖的頂客族友人V總愛說:「我們是名符其實的賺錢

布置你家的客房：

1. > 選定主題
   不管是花花草草還是Hello Kitty，選定主題
   採購相關產品讓布置客房跟有情趣。
2. > 慢慢添購
   設定主題後也不用急著一次購足，每次逛
   街看到喜歡的、合適的再搬回家，延長布
   置過程的樂趣。
3. > 毛巾、浴巾不可少
   看似微不足道但卻十分窩心的待客之道。

① 百年老屋在擴建工程及主人的DIY下煥然一新。(圖片提供 / Vivian Doorn)
② 招待親朋好友在新落成的露台上BBQ。(圖片提供 / Vivian Doorn)
③ 美國人家通常都備有舒適溫馨的客房。(圖片提供 / Sylvia Wey)
④、⑤ 小到站兩個人,都嫌擠的紐約小套房。

養『家』啦。」

　其實台灣很多人家裡面都有準備當成
客房的和室，再有閒有錢一點的，乾脆
在陽明山或是烏來等溫泉區買個溫泉別
墅，心情好一吷喝親朋好友一起上山泡
湯搏感情，這點可是美國人家主臥室的
按摩浴缸比不上的，只是如果能再貼心
些準備些個人用品，或是將度假別墅布
置的更有主題性就更完美了。

學美國人
到老人公寓
頤養天年

美國人戰後嬰兒潮的退休風潮將現，
全美各地紛紛推出銀髮族專屬的老年
公寓。除了一應俱全的高級公寓外，
政府也推出適合各階層的公立住宅，
讓銀髮族快樂入住。

美國是「兒童的天堂、年輕人的戰場、
老人的墳墓」相信大家都聽過，不過隨著
美國目前最有權力的世代—戰後嬰兒潮
(Baby Boomer, 1946到1964年出生，柯
林頓跟布希都出生於1946年)即將退休，
加上美國國家衛生數據中心公布的報告指
出，2003年美國人民的平均壽命為77.6
歲，創下美國的新高紀錄，所以就算60
歲退休，再活上十幾、二十幾年也稀鬆平
常，而嬰兒潮也是創造美國經濟全盛時期
的推手，總數高達7千8百萬的退休嬰兒潮
將美國從老人的墳墓轉為天堂。

無怪乎美國氣候溫暖宜人的加州、佛羅
里達、德州、亞利桑納州等，成為老人公
寓的首選地。如全美最大老年公寓之一，
位於佛羅里達西海岸的太陽城中心(Sun
City Center)建于1961年，該中心的開發
商Del Webb預計2006年起還會有21個個
案陸續推出，規模從350戶小而美的社區

許多熟年住宅販售「活躍成人(Active Adult)」的生活形態，強調健身中心、高爾夫球場、游泳池等休閒設施，甚至以發展事業第二春為號召，提早退休向南遷移。

到7千戶的超大社區都有，而且從傳統以上所提的「退休州」到其他州都有，總數加起來約4萬戶。「因為不是每個銀髮族都只喜歡過夏天，還是有很多人想過一年四季的」，該公司的副總裁表示。

退而不休的活躍成人

另外他們的賣點也有別於傳統以老人公寓有多麼貼心、無障礙空間為訴求，而是販售一種有別於「退休」的「活躍成人(Active Adult)」生活形態，強調健身中心、高爾夫球場、游泳池等休閒設施，甚至以發展事業第二春為號召，吸引更多嬰兒潮世代的先驅，提早退休向南遷移。我大姑跟她先生原本在康乃迪克州有棟水岸豪宅，冬天則會到佛羅里達避寒，幾經考慮，他們決定賣掉康州的豪宅搬到佛州定居，因為生活簡單些，朋友也多一些。

多種公寓，讓老人們精彩過生活

就算沒有購屋的預算也沒有關係，美國老年公寓有出售的，也有出租的。如果是買下的，只需要每月繳服務費，出租的除了付房租，也要付服務費，根據美國銀髮族住宅協會(American Seniors Housing Association)，老年公寓大致分為5種：

1.老人公寓(Senior Apartment)

針對年滿55歲以上且能自理生活的銀髮族設計，通常不附餐，但附有公共設施，如圖書館、健身房、洗衣房等，也有活躍的社團活動。

2.自住型(Independent –living)

與老人公寓類似，最大的不同點是供三餐及像飯店般的換床單服務，這些都包含

在租金內，此外還有社區專車方便銀髮族到鄰近的藥房、購物中心等。

3.協助型公寓(Assisted Living)

為日常生活需要幫助，但不需要專業醫療、護理的老人設計的，提供與日常生活有關的各種服務，照顧到吃飯、穿衣、洗澡、餵藥等。

4.阿茲海默症公寓(Alzheimers Care)

特別為了患有阿茲海默症的老人家設計，除了特別的看護，也提供和緩的肢體活動及精神上的支持。

5.退休復健社區(Continuing Care Retirement Communities)

這是美國最古老的一種退休社區，不僅提供日常生活服務，還提供健康運動服務，有護士、康復護理、健康監控等，針對不同的服務項目收費。

如果是低收入或無收入的老人，可向美國各州政府或慈善機構補貼。

這些老人公寓都會針對老人生理功能減退時的需求而設計，如提高住宅識別性、道路要無障礙、建築物的入口處儘量避免上臺階、樓梯及行人坡道都安裝了扶手欄杆、樓梯休息平臺設置椅子供老人休息等。為防止老人滑倒，門廳、過道的地面不用光滑的材料，還有充足的陽光及足夠的戶外活動場地等，非常設想周到喔！

① 趁著天氣好在戶外享受暖陽。

② 有朋友作伴在老人公寓一點也不寂寞。

③ 結伴看電影、逛美食街讓老人家的生活一點也不無聊。

④ 老人公寓的類型有許多種，可視個人的需求及財務狀況申請或購買。

① 在寵物店的領養組織，義工們正在幫貓開飯。

學美國人
為流浪動物
謀　　福　　利

動物權至上的美國，對於流浪貓狗的認養也非常嚴謹。面談、填表、大費周章的目的，無非是為了保障每一個惹人憐愛的小生命，能夠得到主人的疼愛與關懷。

　　從小到大家裡來來去去了好幾隻流浪貓，有從街上撿到裝紙箱帶回來的三色貓，有朋友因為懷孕而無法繼續養的金吉拉，有從BBS上領養到的波斯貓，她們都曾陪伴我們一家度過許多令人又氣又好笑又憐愛的日子。

動物權至上的
美國流浪動物之家

　　隻身在紐約求學的時候，一度懷念起有貓咪陪伴的歲月，尤其看到友人家領養了一隻竟然會像狗狗一樣玩丟球、撿球，名喚為Muji的貓時，更興起了我養貓的慾望。在朋友的介紹下選了一個頗受好評的流浪動物之家，果然作業嚴謹，工作人員先為我介紹了等待收養的成員，生病的、有殘疾都毫不隱瞞，接下來除了要填寫一堆表格外，由於我當時還有室友，連室友

2、**3** 等待被領養的寵物。
4 獸醫院門口常看到的領養小廣告。

都要過來接受面談。工作人員的說法是如果哪天我出遠門室友得幫我照顧寵物，所以也要確定她們的意願等等，可真是一切以貓為先啊。

雖然後來並沒有從該機構領養，卻也領教到美國的動物權至上。也是緣分吧，在我跟另一半「自立門戶」後，我又動起了養貓的念頭，另一半是道地的狗人（dog person），從來沒養過貓，禁不起我的威脅利誘終於首肯。這次我找到的是一個個體戶，Linda因為和獸醫往來頻繁，常會收到獸醫那兒轉來的小貓，Linda的原則是每一隻小貓都必須六個星期大斷奶後能吃固體食物、能自己用貓砂且打過預防針後才可接受領養，雖然原則上她不接受「退貨」，但為了防止棄養，如果小貓真的適應不良還是可以還給她，只是50塊的手續費恕不退還。臨走前，Linda還特別為我寫下了小貓可以吃的飼料品牌及之後結紮有優待的獸醫資訊。

就這樣我展開了在美國第一次有寵物貓陪伴的生活，就像新生兒的父母忙著為寶寶添購行頭，我們也成為寵物用品賣場的常客。除了琳瑯滿目的貓砂、貓食、貓玩具吸引了我們的目光外，賣場的一個角落更令我們流連忘返──流浪貓收養中心兼展示間，輪流值班的志工除了定時餵貓、清理貓籠、把貓抱出來秀秀，還幫每隻流浪貓寫「自傳」──「嗨，我是超口愛的Tiny，五個月大，個性害羞卻超黏人的，最愛坐在主人溫暖的大腿上陪他打電腦⋯⋯」「嗨，我們是相親相愛的雙雙姊妹花，我們不想被拆散，請將我們一起帶回家。」

每次看到楚楚可憐的喵喵配上誘惑性的自傳，幾乎讓我們再度淪陷，幾經掙扎，在為了替Kitty找個伴的藉口下，我們又帶回了Yoda。

> 美國人對流浪動物照顧得不遺餘力。許多收容所都不再實施安樂死，並使出渾身解數帶著眾家狗貓外出巡迴曝光，增加他們被人家認養的可能性。

率領眾家貓狗巡迴找新家

雖然早就聽說美國人愛狗如痴，但是見識到他們對流浪動物的照顧的不遺餘力還是頗為感動。雖然政府未立法規定，但許多收容所都不再實施安樂死，而為了解決「畜滿為患」的問題，他們也使出渾身解數帶著眾家狗貓外出巡迴，類似捐血車的收養巴士會開到公園讓民眾上去參觀，或帶著穿上「Adopt Me」T恤的狗狗到狗公園遛，不然就到寵物用品店前擺攤募款等，無所不用其極的增加流浪狗兒的曝光度。

除了努力「推銷」這些流浪動物，治本的方法還是控制狗貓們強大的生育能力。一般流浪動物之家在接收主人因各種因素必須割捨的狗貓時，都會強制規定必須先行結紮才能夠接收；同樣的，收容所送出的狗貓也都是結紮過的。

當然除了這些實體的展示外，網路其實是收養流浪動物的最大平台。除了網路無遠弗屆的力量外，有去過收容所的人應該都會和我有類似的感覺，每一隻關在狹小籠子裡的狗狗、喵喵每當看到有人走近他們時，都會露出「我最可愛，把我帶回家吧」的眼神，如果我挑了一隻可愛、活潑的，總覺得對不起其他也想有個家的老弱殘兵。

網羅北美流浪動物之家的搜尋引擎——Petfinder.com

全美最大、歷史最悠久的流浪動物收養平台Petfinder.com也瞭解到這樣的困擾，他們就像搜尋引擎一樣，整合了全美各地及加拿大的流浪動物之家，有意收養寵物的人只要輸入他們心目中想收養的品種、年紀、性別及居住地的郵遞

① 寵物除了狗狗、喵喵外還包括兔子、鸚鵡等。
② 每一隻等待領養的狗狗都有自我介紹。

③、④ 寵物領養巡迴專車。
⑤ 由於是非營利組織，捐款是重要收入來源之一。

區號等，Petfinder就會幫你找到速配的對象(資料中會顯示他們的基本資料、自傳還有照片喔)，再進入該收容所的網頁做進一步的聯絡。雖然狗狗、喵喵為大宗，Petfinder也有馬、豬、兔子、小鳥們等待有緣人喔。

相對於台灣的流浪動物基金會得靠著執行長跟義工們到處奔走籌款，Petfinder雖然也有許多義工默默付出，但是企業的贊助減輕不少該組織的負擔。如寵物食品大牌Purina除了在網站的「圖書館」單元提供營養資訊及協助有心收養的人合適的品種外，也協助行銷、公關的工作，而寵物用品賣場則提供折價券給新飼主，PetCare則提供第一個月免費的寵物保險等等，讓新手上路的飼主無後顧之憂。

◎網站推薦
http://www.petfinder.com/
全美最大、歷史最悠久的流浪動物收養平台，幾乎所有的流浪動物檔案在這兒都可以找得到。

PART FOUR

TRANSPORTATION

學 美 國 人 行

21世紀的地圖服務大戰

當GPS導航系統成為標準配備，Yahoo!、Google更在地圖開發的市場上打得火熱。21世紀的地圖服務，即將帶你進入前所未有的想像空間。

對我這個連在台北都會迷路的大路痴而言，不管畫得多詳盡、多鉅細靡遺的地圖，拿到我手上都是沒路用，在國外旅行時，曾經不只一次按圖索驥的結果是離目標越來越遠，因為我根本東西南北不分，到後來還是「鼻子底下就是路」，用問的起碼人家會指方向省得我亂猜，所以每回我去自助旅行有驚無險回來，朋友都嘖嘖稱奇說有保庇、有保庇啊。

還好現在的地圖越來越聰明了，上網輸入要去地方的地址，即會出現周邊的街

① 在Google Earth上看到的衛星空拍圖就類似這樣。

道，這對於紐約的地址尤其重要，雖然曼哈頓的街道以數字編碼，直的是Avenue，橫的是Street，弔詭的是如果只看門牌號碼跟街名，如五大道290號，一時還真的是丈二金剛摸不著頭腦，到底是哪一段啊？這時候只要在Yahoo!的地圖輸入地址，答案瞬間揭曉。

Yahoo! Map＋Yellow Pages＝食衣住行育樂互動式地圖

最近Yahoo!地圖更是變本加厲與黃頁(Yellow Pages)功能結合，出現的除了周邊的街道外，連附近的商家、餐廳、ATM、健身房、戲院、醫院、郵局、停車位等一樣都不少，星羅棋布地排列在地圖上，點進去即可以獲得電話、地址等基本資訊，有網站的單位再點進去又是別有洞天。

　　Yahoo!的地圖能夠做得如此詳盡，跟背後龐大的商機有關，也和Yahoo!在搜尋引擎的地位被Google威脅到有關。最早Google可是Yahoo!美國網站搜尋引擎的技術支援，2004年2月，Yahoo!宣布放棄與Google的合作關係，同時間花了17億美金併購專精於「資料探勘」(Data Mining)的Overture Services，並成立Yahoo! Research Labs，全心投入打造結合個人化搜尋及商業機制並行不悖的搜尋引擎。

　　舉例而言，Yahoo!並不向在Yahoo!地圖上出現的商家收費，但是如果想成為Yahoo!黃頁的「主打商家」(Feature Business)的話就必須付費，當消費者做搜尋時，「主打商家」的鏈結會出現在搜尋結果的上方，一般消費者會順勢的點選上方的鍊結，如此一來可說是Yahoo!、商家、消費者三贏的局面。

　　當然開車的導航更是不可或缺，Yahoo!地圖跟Map Quest都有此服務，只要輸入甲地、乙地的地址，兩地間詳細的開車路線一目了然，哪一段有幾英里、哪兒左轉、哪兒右轉簡直就像沙盤推演一樣。

　　不過就我開車經驗豐富的朋友表示，這些紙上談兵的開車導航立意雖好，不過他們提供的末必是最佳路線，有時候會多繞路，有時候會經過不必要的收費站，所以他們通常只把列印出來的路線做參考，再自行研究地圖。

" 美國的Yahoo!地圖更是已經與黃頁 (Yellow Pages)功能結合,出現的除了 周邊的街道外,連附近的商家、餐廳、 ATM、健身房、戲院、醫院、郵局、停 車位等一樣都不少! "

美國政府出錢大家免費用的GPS全球定位系統

看來還是全球定位系統(Global Positioning System,GPS)最好用,根據維基百科(Wikipedia):「GPS是一個中距離圓型軌道衛星定位系統。它可以為地球表面絕大部分地區提供準確的定位和高精度的時間基準。該系統是通過太空中的24顆GPS衛星來完成。該系統是由美國政府建設和維護的。使用者只需擁有GPS接收機,使用時不需要另外付費。」

有一回客居我家的台灣友人到紐澤西訪友,對方開車送他回來,他第一件跟我報告的就是「那個GPS地圖真好用,他們就靠著它一路開回來,雖然之前從來沒走過。」

不過對於我這個不開車的人,Yahoo!的地圖已經夠好用了,但Google的地圖更

是道高一尺、魔高一丈。點進Google的地圖、輸入地址,使用者可選擇只看最基本的地圖、衛星空拍圖及兩者合而為一的Hybrid。基本的地圖大家都有沒啥稀奇,最神的還是衛星空拍圖,可放大、縮小到一定的比例,我輸入我們家的地址後再放到最大,天啊,連公寓中庭裡的樹都看得一清二楚,就差看不到路上停的車的車牌了。

滿足我當狗仔慾望的Google地圖

這可大大滿足了我的好奇心,最近才剛跟一個失聯N年的朋友聯絡上,得知她住賓州,邊聊電話邊開始將他們家的地址輸入Google地圖,「你們家附近是不是有高爾夫球場?大概隔十條街吧」,「天啊,妳怎麼知道?妳該不會拿著望遠鏡監視我吧」神奇吧,靠著Google我都可以當狗仔囉。

① ② 在紐約隨時可見手拿地圖神情迷惘的遊客。

正因如此，Google的地圖服務也引發了侵犯隱私權的爭議，不過我倒是頗支持這項服務的，哪天要搬家找房子，憑著地址就可以先看看居家附近的環境，省時又省力。

Google跟Yahoo!的競爭日趨白熱化，從兩家所提供的地圖服務就可以略窺一二。Yahoo!的黃頁服務可以直接點選到周邊的商家，Google Maps的最新版Google Earth則是以衛星空拍圖迎戰，在3D衛星圖上列出周邊商家，畫面看起來雖比Yahoo!的炫，但商家的數量、完整度及鏈結的方便度上則略遜Yahoo!一籌。

倒是Google地圖的手機版來得實用些，先從Google網站上找到自己手機的機型、型號，順著指示直接從手機上網下載程式，從此走到哪、找到哪，除了銀幕變小了、鍵盤變成手機功能鍵之外，所有網路上有的功能手機上都有，逛到一半想找

家Pizza店，只要輸入Pizza、郵遞區號即可，方便至極。

最棒的是，這個服務還是秉持Google的一貫政策——使用者免付費！當然從手機上網的錢還是得乖乖繳就是了。不過這些些新功能都還在測試階段，即使在美國也只有大都市適用，台灣的消費者可能還要等上好一陣子囉。

◎網站推薦

1.http://maps.yahoo.com

　　Yahoo!地圖

2.http://maps.google.com/

　　Google目前已經把台灣的衛星空拍圖放上去了，還沒有街道圖，不過從空拍圖看到台灣島真的是「婆娑之洋，美麗之島，福爾摩沙！」

學美國人用汽車急難救助一路保平安

在地大物博的美國，沒有車就跟沒有腳一樣寸步難行。所以美國人特別重視車上的安全與急難救助。不同廠牌的車子提供不同的服務，但不變的都是對駕駛人不間斷的服務。

我在洛杉磯的朋友曾經形容：「我們吃飯要到中壢、買東西要到台中。」因為只要一出門轉個彎，就上了高速公路。

偶像犯錯與庶民同罪

由於重度仰賴汽車，美國人對於行車安全也格外重視，如2006年2月小甜甜布

蘭妮一手開車，一手抱著才4個月大的寶寶Sean被狗仔隊拍個正著，把寶寶當成安全氣囊的照片一登上媒體後馬上引發軒然大波，因為美國各州都有明確的法律規定各階段的兒童要坐在不同款式的兒童安全座椅上。剛開始小甜媽還辯稱她是為了躲避狗仔隊又想保護兒子才會這樣做，最後還是在此間的娛樂新聞《Access Hollywood》上公開道歉說：「我錯了就是錯了吧，我猜。」(I made a mistake and so it is what it is, I guess.)，才平息了風波。

當然防患未然是最重要的，如果不幸發生意外，先進的急難救助系統就成為了當務之急。美國通用汽車GM從2000年起就陸續在新出產的車系上安裝On Star衛星定位安全防衛系統，預計2007年，GM的全車系都會配置On Star，確保行車人的安全。由於是內建的裝置，其他廠牌的車

> **利用GPS定位，只要車輛發生任何事故，On Star系統會自動聯繫最近的救援中心，及必要的醫護與保險相關人員，還有警方。**

子就無福享用了。

這也不打緊，各家廠牌的車主都可加入「美國汽車協會」(American Automobile Association,簡稱AAA)，他們所提供的服務不限於急難救助，而是從準車主考慮買車開始，就可以上網填自己的需求(如第一次買車、全家人的車、上班代步的車等)及預算，AAA就會搜尋到適合的車。有了車之後出門玩住哪家旅館好呢？AAA不僅提供評鑑還有折扣呢。當然急難救助也是AAA服務的大項，不管是換電池、爆胎等，只要撥打1800的免付費專線，24小時都有專人服務。

On Star 24/7保護車主安危

究竟什麼是On Star呢？On Star是利用GPS衛星定位，只要車輛發生任何事故，藉由衛星定位系統的資訊，車主只要按下一個紅色的緊急按鈕，除了與全年無休的客服人員通話外，系統同時會自動發報給管理中心，並且會自動聯繫離車輛最近的救援中心，包括必要的醫護與保險相關人員還有警方，提供必要而即時的協助。就算不是自己的車而在路上看到事故，按下緊急通話鈕「報案」，On Star一樣會處理。

如果安全氣囊已經爆破，無須按鈕通話，系統會自動發報給管理中心進行後續的援助。

這幾年GM為了推On Star可是卯足了全勁，廣播、網站，一則則真人真事，讓我這個連駕照都沒有的人都被洗腦到如果以後有車，應該考慮有On Star的車才安心。

◎案例一：

2003年九月，來自俄亥俄州的Jack以及Mary Lou Garner開車到優勝美地國家公

❶ On Star的設計簡單好用。(圖片提供 / On Star)
❷ 所有GM的座車都配有On Star。(圖片提供 / On Star)
❸ On Star全天待命的客服人員。(圖片提供 / On Star)
❹ 汽車急難救助確保人車一路平安。

園，往冰河點路（Glacier Point Road）的途中行經一處有死角的狹窄山路，對面來車冷不防的衝進他們的車道，兩輛車車頭相撞，Garner夫妻開的車安全氣囊瞬間爆開，透過On Star，管理中心收到了發生意外的訊息，即時通知到優勝美地國家公園的調度員先趕到現場，一小時後救火隊員也趕到，用水壓槍把傷者從扭曲變形的車中救出再送往醫院。

諷刺的是，連優勝美地國家公園的醫療中心經理都說，如果當時有人在現場打911，電話會先通到鄰近的城市再透過他們通知國家公園的工作人員，也許就錯過了第一救人時間。

◎案例二：

這是從廣播上聽來的真人實況：

On Star：我可以怎麼幫你嗎？

小男孩啜泣著說：我媽媽躺在那裡不動了

On Star：你有沒有受傷呢？

小男孩：沒有

On Star：先別哭，我們馬上有人過來。

雖然GM的車款上已配備On Star，但是使用該項服務還是得付費，一個月16.99美金或一年199美金，除了急難救助外，粗心忘了把車鑰匙拿出來、在偌大的停車場找不到愛車，一通電話即可請On Star解圍。

台灣人買車都很重視內裝，越頂級越好，各家車廠、各位車商不妨考慮一下發展台版的On Star吧。

◎網站推薦

1.www.myonstar.com

On Star的官網，除了有On Star的介紹，還可以看到消費者的見證。

2.www.aaa.com

全美汽車協會的網站，有各項服務的介紹。

① 中央公園綠蔭遮天的自行車道。
② 單車專用道保障人車安全。

學美國大都市把路權保留給行人和單車

世界上最繁忙的紐約曼哈頓,竟然可以讓人悠閒地騎腳踏車?!腳踏車騎士在紐約早已成為 "Critical Mass" (關鍵性大量),誰也不敢輕忽他們的存在。

最早聽說在車水馬龍的曼哈頓可以暢行無阻的以單車代步,還是在一次採訪過程中,家住曼哈頓雀爾喜、展示間在中國城、工作室在威廉斯堡的藝術家每天騎著他的單車、扛著他的作品往來於三窟間,其距離跟難度就像從台北的永康街到公館再到永和愛買一樣,不僅交通繁忙且必須過橋,他卻是一派輕鬆的說,其實沒有想像中困難,因為哈德遜河沿岸有規劃完善長達23英里,包括有自行車、直排輪、跑步道的Hudson River Greenway,每天他就順著步道一路南下,不塞車也不用擠地鐵,既健身又環保。

這真的是讓我大開眼界,想到以前在台北也有段時間騎單車代步,雖然騎在最靠邊的慢車道,除了三不五時停靠站的公車外,還得提防冷不防從身邊呼嘯而過的蛇行機車,然後吸入眾家排氣管的廢氣。要不是那段距離走路太遠、坐公車因為剛好

③ 給行人看的「注意單車」標誌。
④ 給單車看的燈號。

在分段點下一站得付兩段票、捷運也還沒通的三不管地帶，還真是沒必要這樣虐待自己。

每天有11萬部單車在紐約路上跑

不得不為紐約喝采，在加長型轎車、悍馬車、計程車、公車、觀光雙層巴士滿街跑的街道，還為單車留下了一畝淨土，在紐約的五大行政區一共有400英里車輛禁止進入的單車道，如果連同周邊的連接網路，加起來一共有將近900英里，無怪乎紐約被全球發行量最大的單車雜誌《Bicycling》，在2005所做的調查中，評選為全美人口百萬以上城市中，最佳單車城市的第三名，僅次於聖地牙哥及芝加哥。而評比的指數包括單車道的數量、路面的狀況、單車道規劃的完成度、單車相關社團的活躍度及氣候、地理環境等。

在《Bicycling》的報導中採訪了CNN的主播Miles O'Brien，本身是單車運動的愛好者的他當初從亞特蘭大搬來紐約時，對於能在紐約騎單車完全不抱希望，沒想到完全出乎他意料之外，他跟他13歲的兒子可以沿著Hudson River Greenway從家門口一路騎到曼哈頓的最南端。連《Bicycling》的編輯都寫到說：「誰會想到只適合強者生存的紐約，竟然是騎單車的熱門點，每天有11萬人騎單車上路！」

為了讓有心探索紐約單車步道的人可以按圖索驥，紐約市運輸部門與都市計畫部門聯手繪製了紐約市五大行政區單車步道的地圖，除了清楚標示了單車道、綠色步道、銜接道路等，同時體貼的標示出全市的腳踏車店，就算「鐵馬」一時鬧脾氣，也可以找到人馴服。

> 紐約被全球發行量最大的單車雜誌《Bicycling》,在2005所做的調查中,評選為全美人口百萬以上城市中,最佳單車城市的第三名,僅次於聖地牙哥及芝加哥。

全球325個城市宣示馬路主權回歸單車

當然,享受了這麼多特權,上路的騎士們也得遵守交通規則,如頭戴頭盔、單車必須配備夜燈、反光板等,以確保自身的安全。

值得一提的是,單車除了是代步、健身的工具外,在某種程度上也成為一種表達意見的方式。1992緣起於舊金山的Critical Mass可說是規模最大也最知名的,目前全球325個城市有Critical Mass,在每個月的最後一個星期五,所有腳踏車或直排輪都可以參與,沒有主辦單位也沒行進路線,只有集合的時間跟地點,雖然形式十分鬆散,陣容卻十分龐大,主要的訴求是「我們並不阻礙交通,因為我們就是交通。」(We are traffic.)

有趣的是,最早將Crtitical Mass這個詞彙帶進自行車領域的人力車設計師George Bliss,還是從大陸的自行車、摩托車大量佔據道路,過十字路口時卻能不起衝突的緩緩前行,就像「關鍵性大量」(Critical Mass)一樣。

雖然Critical Mass所傳達的只是將行路權回歸給行人及單車,但人數一多有時很難避免擦槍走火,如2004年8月共和黨大會在紐約舉行時,正巧碰到紐約的Critical Mass,大會所在地麥迪遜廣場附近警力森嚴,因為許多抗議團體都想藉此機會表達不滿,原本並沒有政治訴求但陣仗驚人的Critical Mass卻遭到逮捕,人車一起扣留。曾經喧騰一時的新聞終於在2006年2月圓滿落幕,法官判定Critical Mass並不屬於集會遊行,既不需申請,相關的單位也可以大肆宣傳以吸引更多的單車騎士加入。

① Critical Mass都有警察出動隨行。
② 隨處可見自行車專賣店。
③ 布魯克林遠眺Verrazano Bridge的自行車道。

到紐約體驗騎單車逛大街

◎網站推薦

1.http://www.nyc.gov/html/dcp/html/
bike/mp.shtml

　紐約市政府的「單車網路發展」(Bicycle
Network Development)網站，十分詳細的
介紹了紐約市的單車發展計畫，還可以下
載全市的單車路線圖。

2.http://www.critical-mass.org/north-
america.html

　全美的Critical Mass網站總站，可以連
結到任何一個城市查詢該地區的Critical
Mass的活動時間。

3.http://www.transalt.org/calendar/
century/rental.html

　這個網站可以查詢哪裡能租到單車以
及單車的種類及費率後，之後就可以上路

了，推薦路線為哈德遜河水岸單車步道，
從14號碼頭一路騎下到砲台公園。

4.http://www.centralparkbiketour.com/
bikerentals.htm

　中央公園租單車逛公園也不錯，一天35
美金，在網路上預訂還有10%的折扣，
網站上還有中央公園騎單車逛電影場景
團喔。

學美國人開露營車過野營式RV生活

美國人的RV休旅車可比台灣更進一步,不僅越野能力強,更可以當露營車來使用。環遊全美,過著開RV打工的生活,已儼然成為全新的生活方式了!

① 豪華的RV內裝廚房、電力一應俱全。
② 開著RV雲遊四海。

在台灣,幾乎人手一本護照,就算是只有3天2夜的長週末,也可以飛去香港吃大閘蟹、飛到曼谷做Spa;在美國則是人手一張駕照,週一到週五開房車去上班,週末就開RV上山下海去,誰需要護照呢?

RV不是休旅車而是有床有廚房的露營車

先來說說什麼是RV吧。RV是Recreation Vehicle的縮寫,雖然中文可直翻成休旅車,不過台灣的RV通常是指5人座、7人座的廂型車,美國的RV則是如假包換的露營車,主要分為兩大類,一種是一體成形的**motorhomes**,一種是拖在箱型車後面跑的**towables**,兩類都還可以細分成不同的款式,不過基本的配備大致不脫床、桌子、儲藏空間、食物準備檯等,高級一點的或再加上全套衛浴、冰箱及主臥室,頂級的就有衛星電視、網路等配備,電影《門當父不對2─親家路窄》(Meet the Fockers 2)勞伯迪尼洛開的那台雖然有些誇張,就姑且稱為好萊塢牌超頂級露營車吧。

近幾年RV的銷售在美國可說是一枝獨秀,根據美國露營車協會(Recreation

本頁圖片提供／美國露營車協會(Recreation Vehicle Industry Association)

Vehicle Industry Association，RVIA) 2005年委託密西根大學所做所的一份調查顯示，全美國每12個擁有汽車的家庭中，就有一家擁有RV，換言之，全美有將近8百萬個家庭有RV，在2001到2005年間成長了15%。

至於RV的單價，從陽春款的4千美金到夢幻六星級的百萬美金名車都有，由於單價並不便宜，RVIA也鼓勵躍躍欲試的RV潛力車主先租再買，連帶的連RV租車產業也都有3億5千萬的產值呢。

到度假村式的RV營地
打小白球做SPA

其實美國的RV銷售能夠一路長紅，跟美國露營地多如繁星且規劃完善有密不可分的關係，1萬6千多個營地從熱門的旅遊點分佈到山巔水涯，為了迎合檔次愈來愈高

的野營愛好者，原本的水電、淋浴設備早就不夠看了，游泳池、遊戲間、小朋友的遊戲場還只是基本配備，現在更流行度假村式的露營地，高爾夫球場、網球場、Spa都是營地的一部份，有夠奢華的。儘管如此，一家四口的旅行成本，就算算進RV的費用，比起傳統搭飛機、租車、住旅館的開銷最多可省到74%呢。

當然啦，如果露營的目只是單純的想親近自然也還是有單純的選擇，多數的公共營地是維持「原狀」的，釣魚、健行、泛舟任君選擇。

其實RV一族除了純粹的把露營當休閒嗜好外，也有人根本就是以RV為家四處打工賺錢兼雲遊四海，可說是美式吉普賽。雖然根據美國休閒車協會的調查，RV的車主平均年齡是49歲，已婚，年收入6萬8千美金以上，每年都會花上平均26天的時間在RV車上旅行，不過還有一群RV一族根本

一圓RV生活的夢想

1. > http://www.rvia.org/
   美國露營車協會的官網，有美國露營車產業的現況、露營車購買指南、露營車款式介紹等，十分詳盡。

2. > http://www.workamper.com/
   《Workamper》露營打工族原本是一本雙月刊，現在則發展為每日更新的求職網站，除了各式工作機會外，還有露營打工族的經驗談以及雇主的證言等。

就把房子賣了搬到RV上，邊旅行邊工作，他們是所謂的Workamper，姑且稱他們為露營打工族吧。

以RV為家四處雲遊打工的Workamper

對於很多RV一族在過著清晨在海浪拍岸聲中起床，在熊熊營火旁與戀人枕邊細語後沈沈睡去生活的同時，還是得考慮現實問題，不然誰來養車活口呢？一份於1987年創立的《Workamper News》雜誌，為露營打工族及雇主牽起了紅線，該雜誌的網站宣稱，有3千個以上的雇主與他們長期配合，因為許多與營地、農場、購物中心及遊樂場相關的工作都是季節性的，而這群RV一族便有如候鳥遷徙般，夏天在黃石公園紀念品中心當店員，秋天往加州移動下南瓜田採收後再去收割耶誕樹，既滿足了當公路電影男女主角的癮，也攢到了生活費，因為住在自己的RV上或營地所提供的住宿，連房租都免了。

也有不少營地鎖定這樣的露營打工族，甚至推出1萬元現金獎當誘餌吸引他們去工作，因為這些經驗老到的RV一族完全瞭解營地客人的需求。

雖然目前這群露營打工族年紀多在50歲左右，不少是退休的夫妻再攜手共創第二春，不過也有愈來愈多的年輕族群因為嚮往這樣的生活方式而加入他們的行列，看來RV露營車還不只是活動旅館，而是一種實現到遠方流浪夢想且再也不用銷假回來上班的圓夢工具呢。

1 RV生活從小培養。
2 RV適合一家人小出遊。
3 山巔水涯RV任我行。
4 湖光山色的RV生活。
5 開到哪住到哪的RV野營車。

本頁圖片提供／美國露營車協會(Recreation
Vehicle Industry Association)

學美國人
嚴格維護
無障礙空間

紐約地鐵方便，但體貼入微的公車、地鐵系統及導盲犬的設置，更嘉惠了廣大視障、肢體障礙及年長族群的生活。何時我們也能習得美國人對弱勢族群的尊重呢？

初來乍到紐約時，最仰賴的交通工具是每天有450萬人次搭乘的全球最大地下運輸系統——紐約地鐵，儘管走過百年的地鐵與其他城市比起來顯得老舊破敗，但是四通八達的網絡及不管坐一站還是坐到底站都是單一票價都是無可取代的，直到開始嘗試搭看起來複雜但再簡單不過

①〜③ 會跪下的公車方便殘障者上車。

的公車後，加上貪看路上的形形色色，公車變成我近距離移動的代步工具，也才發現有另一個族群也是公車的受惠者——殘障人士。

會下跪的公車方便
殘障人士

第一次在公車上看到殘障人士以及輪椅時，壓根兒無法理解他們是怎麼把自己跟輪椅弄上車的，直到親眼目睹公車跪下來並放下樓梯讓輪椅上下時，真相總算大白，原來這裡的公車都如此有禮貌，只要有殘障人士上車：

1. 司機都會先將車停好，請坐在輪椅保留位的乘客起身
2. 將保留位整個往上搬
3. 將輪椅固定好

4. 詢問殘障人士的目的地
5. 車到站後將殘障人士送下車、座椅還原

　　坐過無數次的公車，看過無數殘障人士上上下下車，不論是在尖峰時間還是川流不息的第五大道上，只見坐著電動輪椅的殘障人士，氣定神閒的等著公車跪下、上車、給票、坐定、下車，從來沒有看到有人不耐煩過，就算有人趕時間，頂多是提前下車囉。

無障礙空間讓殘障人士平起平坐

　　雖然法律有特別保障殘障人士的權利，如殘障座位、殘障廁所、殘障停車位等，但是光靠這些硬體設施是不夠的，就像早期台北的人行道雖然設有導盲磚，但因為真正考慮到視障人士的需求，加上維護不當，效果十分有限，所以真正讓殘障人士暢行無阻的還是我們這些所謂的「正常人」對他們的態度吧，不是憐憫，而是尊重。

　　無怪乎在紐約常常看到老人們結伴看下午場電影、看百老匯秀、逛博物館等，因為不僅出入有公車，如果行動不方便到搭公車都有困難的話，紐約地鐵還提供了Access-A-Ride的服務，這項服務是共乘制的專車到府接送，行動不便者可撥打免付費專線或上網填寫申請表格，MTA在收到申請表格後會視情況派人探訪申請人的作息、行動的能力（如能否上下樓梯、搭稱電梯等）及實際的通勤需求再決定是否核准，費用與地鐵及公車的票價是一樣的，而且是24小時全年服務，不少殘障人士都是搭這上下班的呢。

進一步了解美國的無障礙生活

1. > http://www.imdb.com/title/tt0436613/
   Murderball(謀殺球)，描述一群手腳殘缺的
   人坐在改裝的輪椅上打橄欖球，參加殘障
   奧運的紀錄片，獲得2005年日舞影展觀眾
   最喜愛的記錄片大獎。

2. > http://www.mta.info/nyct/paratran/guide.
   htm
   Access-A-Ride的網頁，可下載申請表格
   及Access-A-Ride的運作方式。

3. > http://www.guidedog.org
   美國導盲犬協會的網站，可查詢到導盲犬
   及盲人的訓過程的資料。

導盲犬豐富盲胞的生命

隨著描述導盲犬一生的「再見吧，可魯」在亞洲引起熱烈迴響，在感動於導盲犬及視障人士唇齒相依的關係時，是否注意發現到在台灣有5萬名盲人，現役的導盲犬只有8隻呢？根據台灣導盲犬協會的資料顯示，因為一隻導盲犬的養成費用是120萬台幣，而這些費用都是由協會負擔，申請導盲犬的盲人毋須負擔費用，在資源有限的情況下，要申請到導盲犬還真是比中樂透還難。

在美國的導盲犬協會也是非營利組織，目前全美有10所導盲犬學校，他們不僅免費提供盲人導盲犬，也提供盲人為期25天的訓練。從為盲人挑選一隻合適的導盲犬開始，先在校園內熟悉彼此，再漸漸的往外發展到馬路上，最後的目標是購物中心、搭乘大眾運輸工具等，畢業後盲人就可以和導盲犬展開新生活了，期間的訓練及住宿費用全免。

由於是非營利機構，靠的也是外界的捐款，在美國非營利機構的募款know how已經專業到在研究所開設課程，而名人的投入代言也有正面的宣傳效果，如Lucy Liu劉玉玲就十分積極投入美國導盲犬協會的活動。

對於身體上不方便的人而言，人生的路走起來或許障礙更多，但能在盡力做到無障礙空間的美國生活，也算是不幸中的大幸了吧。

ACCESSIBLE ENTRANCE LOCATED
ENTRADA ACCESIBLE LOCALIZADA
残疾人专用进/出口位于

Educational Alliance
Sirovich Senior Center

1 地鐵上方便輪椅停放的殘障座位。
2 超市中為殘障人士準備的電動車。
3 各式方便殘障人士的設施。
4 各種語言標示的殘障人專用進出口。
5 電動的輪椅方便殘障人士行動，還有工作人員親切的服務。
6 各停車場都有殘障車位。

攝影 / Min

PART FIVE

EDUCATION

學　美　國　人　育

文具用品反映個性——學美國人的樸實無華

從小對日系可愛文具照單全收的台灣人，很難想像美國人為什麼對文具用品的標準這麼「低」，一點也不「可愛」。也許是骨子裡的務實、踏實個性，才幫美國人打下今日的江山吧！

在來NYU唸書前，特別查閱了NYU台灣同學會的網站，看看有哪些注意事項，該帶哪些文件、該辦哪些手續等，在眾多條列中赫然發現這項貼心的提醒：

「文具用品，當然這也有得賣，若不嫌醜有成打賣的。被日本精緻文具寵壞的學妹，建議妳還是多帶些卡哇伊的文具來吧！你會被美國人的務實氣到哭。對他們來說，文具就是文具，不是個性商品。在這沒人用26孔，大家都用3孔。奇怪的是在這裡三孔夾(folder)沒一個好看。」

對於每回去東京都把「東急手」文具部逛到翻過來，鋼珠筆從0.3、0.5試用到0.7、萬用筆記本的內頁該選一天一頁、四天一頁還是一個禮拜一頁，待過廣告公司寫文案，又靠敲鍵盤爬文討生活的我而言，哪能夠忍受那種醜到不行的文具啊！看到以上的描述，嚇得我在出國前連忙去補貨，買足了一年份的文具才放心上飛機。

> 或許因為少了花俏的外表，純功能性的美式文具，不好用都不行！最普通的原子筆配上最基本的筆記紙，寫起來意外順手，真的是意想不到呢。

醜到不行還強迫買一打的美國文具

果然NYU台灣同學會說得是真的，在我巡視了此間最大的辦公室用品、文具連鎖店Staples之後，我真的差點被美國人的務實氣到哭。醜就算了，還強迫人家一次買一打或半打，幾乎所有的文具都採量販政策，一買下去就要醜好久。

更詭異的是，米老鼠、加菲貓、史努比、貝蒂小姐這些土生土長的美國卡通人物，在家鄉受歡迎的程度遠不如出國比賽得冠軍，我的米老鼠書架、加菲貓筆記本、史努比自動鉛筆、貝蒂小姐筆筒全部都是從台灣搬來的，這些在Staples一個都找不到。

雖然當初帶足了一年份來，做全職學生的我勤做筆記之後，庫存還是在我回台灣補貨前就已彈盡援絕，只好開始心不甘情不願的用起純功能性的美式文具，或許因為少了花俏的外表，不好用都不行吧，最普通的原子筆配上最基本的筆記紙，寫起來意外順手，真的是意想不到呢。

出國跟著體驗：

如果你也認同美國文具的功能及量販導向，
來美國別錯過逛逛他們的文具大賣場：

1.> 進門先拿折價券，看看當週的特價品是否
　　有中意的
2.> 瞭解樓層配置找到想逛的部門
3.> 提起購物藍下手去
4.> 推薦品項：各式便利貼、各式尺寸的筆
　　記紙（paper pad）

文具一切規格化
增進辦公室效率

　　後來有機會到一家小公司打工，做些歸檔、接電話、幫老闆處理雜務的工作，也算真正見識到美國文具一切標準化的好處。如文件檔案夾一盒一百個，全部都是A4的尺寸，而且只有米黃色一種顏色，為了歸檔方便，檔案夾上的標示小標籤則有左邊、中間、右邊三個位置，這樣找起來十分方便。

　　檔案文件夾一多就得分類才好找，與米黃色文件夾區隔的是綠色分類懸掛夾，不偏不倚掛上辦公室文件櫃上的鐵架剛剛好。

　　至於活頁夾，真的就只有三孔一種規格，沒有四孔也沒有26孔，雖然少了變化，但是歸檔時就十分方便，打孔機也只有三孔，不會有尺寸不合的問題。

　　唯一變化多端的是3M的便利貼，各種尺寸、各種顏色、各種材質，愛貼哪就貼哪，只見有人電腦上貼滿了便利貼，也有人一本書旁邊貼滿了五顏六色的便利貼標示重點，也有貼上「sign here」的小標示提醒老闆在此簽名。

　　我問過美國人他們對「實而不華」文具的看法，他們的說法是：「美國人是極度務實主義的，尤其是文具，要不是Staple的實用牌，就是如Tiffany、Cartier精雕細琢的高檔貨，就是沒有可愛的。」無怪乎我也有台灣朋友超愛美國的文具，「只要一走進Staples就知道到哪裡拿什麼，不用傷腦筋。」她是腳踏實地又怕麻煩的金牛座，難怪。

◎網站推薦

http://www.staples.com

http://www.officedepot.com/

　　此間兩家最大的文具用品專賣量販店，光是從網路上的照片就可以一窺美式文具有多麼的實而不華了。

❶～❸ 美式文具以實用為導向,而且一買就是一大包。

❹ 各式尺寸、功能的便利貼。

❺ 美式檔案夾只有三孔A4一種尺寸。

❻ 美式草稿紙不中看卻十分好寫。

① 退休、搬新家、考上駕照等都有卡片可送。
② 老公送老婆的卡片。

學美國人利用3塊美金收買人心

原本台灣人的習慣大概只有過年、聖誕節寄張賀卡而已；隨著精美、各式用途的卡片進入台灣市場，我們也漸漸習慣於使用卡片表達心意。但這小小卡片，背後可有大大玄機喔！

想當年電子賀卡剛出來時，幾乎人人搶著寄，電子信箱裡躺著各路人馬寄來的E卡。從早期很陽春的HTML賀卡，到後來又唱又跳的Flash卡，甚至有動畫連續劇版、動畫電影版，如果軟體檔次不夠，譬如說Flash5看不到用Flash7做的卡片，還得大費周章的下載軟體才看得到怦怦跳的紅心或是忽明忽暗的蛋糕蠟燭以及寥寥幾句的祝福。

跟著網路一起泡沫化的E卡

曾幾何時再看到「某某某寄了電子賀卡給你喔」，心中浮現的OS竟然是：「真是沒誠意啊，原來我連張郵票錢都不值……」(這樣會不會太酸了點)，再想想當年時還真是勤勞啊，又是輸入密碼、又是下載軟體的，現在竟然只差沒有直接當成垃圾信刪掉，人還真是喜新厭舊啊。

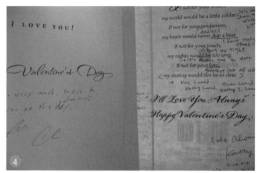

③ 老婆送老公的卡片。
④ 情人節互送的卡片。

雖然網路是美國人發明的，Flash也是美國人發明的，電子賀卡最早也是美國人開的網站www.bluemountain.com一枝獨秀，1999年還被Excite網站以7億8千萬的天價買下，沒想到2001年Excite就宣告破產，藍山卡片網站也以350萬賠售，典型的網路泡沫，雖然藍山網站還活著，但E卡風光不再，看似創新的美國人有時是很老時尚的。

名目眾多不及備載的
各式卡片

曾經備受威脅的傳統卡片卻依然活躍，地位始終屹立不搖，美國人超愛互寄卡片的，不僅各式節日名目眾多，撇開耶誕節、情人節、母親節這種最普及的不說，連復活節、感恩節都有卡片；再加上恭賀搬家、恭賀升官、恭賀畢業、恭賀結婚、恭賀生寶寶、早日康復、感恩卡、道歉卡等等；結婚卡又可以再細分1週年、5週年、10週年一直到50週年金婚。

再用對象分吧，生日卡又可以細分到給爸爸、給媽媽、給繼父、繼母、給兒子、給女兒、給兄弟、給姊妹、給姑嫂妯娌(還好都英文都叫Sister in Law)、給大伯小叔(還好英文都叫Brother in Law)、給姪子、姪女、外甥、外甥女，再加上一表三千里的Cousin，每個人都有專屬的卡片，配上文情並茂的文案及圖案，規格完備到只要簽個名就可以寄出去了。

◎網站推薦

http://www.americangreetings.com/
http://www.hallmark.com/

這些傳統的卡片網站雖然也都標榜有免費的電子賀卡，但點進去後才發現其實還是要繳所謂的「會員費」才可以使用，看來現在天下還真的沒有白送的E卡了。

> "Hallmark總部擁有800個創意人員，從不外包也不接受外部投稿，以確保所有的賀軒卡片成為我們身心靈的守護者，也成為回憶的一部份。"

800創意大軍的賀軒卡片王國

無怪乎1910年創立，占有全美卡片市場一半以上的賀軒Hallmark公司，位於密蘇里州堪薩斯市的總部擁有800個創意人員，包括文案、編輯、設計、繪圖、攝影師等等全部都是內部人員，從不外包也不接受外部投稿，以確保所有賀軒的卡片都能貫徹其風格──讓賀卡成為我們身心靈的守護者，也成為回憶的一部份。

賀軒也體認到，要打動人心必須先瞭解人心，所以他們也派出賀卡的作者深入民間做巡迴，除了面對面聽聽消費者使用賀卡的感人經驗外，也分享他們創作的經驗。

點子雖多，更難的是轉換的過程還得符合「幽默、溫馨但不過份」的賀軒品管。賀軒的創意部門有個大大的NO公佈欄，

首先淘汰掉10～20%很難笑或很冷的創作卡片，有些就算好笑，還是會被標上「FBN」(Funny But No)，就像送給病人早日康復卡，封面上有個大大的笑臉，翻開內頁的文字是「嗨，歡迎從昏迷中回來」，就被批為FBN，這些被退貨的創意只能貼上NO公佈欄給內部奇文共欣賞。看來要成為全球最大的卡片供應商，除了源頭活水來的創意，如何取捨更是關鍵。

收卡片，誰不感心？

很多時候，五味雜陳的情緒是很難用語言文字來形容的，同樣是寫文案的，雖然有時對賀軒派近乎濫情的文字嗤之以鼻，但真正收到卡片的時候，讀著字裡行間所流露的真情，又不得不承認原來自己並沒有想像中的那麼酷，一樣會被

① 美國人大小節慶都可以用卡片傳情。
② 一整個店的卡片可以挑上好一會兒。
③ 超大的生日卡片。

溫情主義所打動，談戀愛的時候是、結婚週年的時候是，連曾經患難與共、一起憤世嫉俗的老友寄上的卡片都開宗明義的說，雖然有時候很受不了賀軒式的灑狗血，卻偏偏搔到了癢處。

收卡片收得高興，忘了送卡片的話可就是吃不完兜著走囉。和另一半結婚兩週年，我們飯也吃了、我愛你也說了，我便小小偷懶沒有送卡片，沒想到隔一陣子吵架吵到最高點時，另一半一副很受傷的丟出：「妳沒有送我結婚週年的卡片！」當下我還真是啞口無言，臉上三條黑線。

可別小看這3塊錢的卡片，不管是談情說愛還是傳情達意全得靠它呢。

學美國人珍惜生命每一刻──用照片、V8寫日記

超愛小孩的美國人，從孩子小時候起就愛拼命蒐集屬於他的一切：影像、照片、點點滴滴⋯⋯在孩子長大之後，就成為極珍貴的回憶。你也趕快開始記錄生活，讓親朋好友們都能分享你的過去。

① 雖然沒有豪華相本也沒有油畫處理，配上「OS」的照片是獨一無二的。
② Kitty剛到我們家時的可愛模樣。

戀愛中的人最愛掛在嘴邊肉麻當有趣的話有很多，其中「你的過去我來不及參與，你的未來我不會錯過」算是經典中的經典，另一半的過去我雖然來不及參與，還好另一半的auntie為他們兩兄弟一人準備了兩大本從出生到大學畢業的寫真集，完全按照時間排列，還夾帶了許多佐證，如成績單、畢業證書、書信、演唱會票根等，甚至連高中畢業舞會的配戴花飾都被做成乾燥花保存了下來，真的只能用嘆為觀止來形容。

你的過去我沾上了一點邊

除了照片外，V8也是珍貴的紀錄，有心的auntie除了整理相簿編年史外，還將早期的film後期的V8轉檔到錄影帶上，影片中一開場是另一半3歲時的耶誕節，當時他走路還跌跌撞撞的，就已經知道怎麼開耶

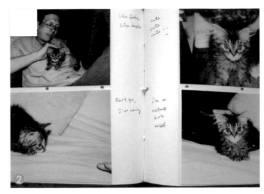

誕禮物；5歲時穿著胖胖雪衣跟著哥哥一起堆雪人、去雪球；9歲跟著爹地和哥哥去釣魚，別人是一尾尾的往上釣，他卻只有在一旁乾著急的份；15歲玩band還煞有介事的登台，一頭狂野的長髮甩啊甩的，十足的搖滾貝斯手的架勢，表演結束，高中初戀甜心女友連忙上台獻花，兩人看起來還挺登對的。

透過這套個人檔案全記錄，雖然來不及參與，算是跟另 半的過去沾上了一點邊，有種看著他長大的感覺，也不禁小小感嘆，在我小時候那個不算富裕的年代，父親的手動相機算是奢侈品，所以只要有機會出門照相，我們一定都是盛裝打扮，植物園、松山機場、忠烈祠、兒童樂園等都留下了我們的倩影。而對美國小孩而言，相機是一出生就家家戶戶都有的，連拍影片用的攝影機都不算太奢侈，只能說對很多美國人而言，富足彷彿是與生俱來的。

純手工打造的回憶

雖然現在網路發達、數位相機人手一機，隨拍隨看的數位相機多少降低了等著相片沖洗回家的期待感，但是翻閱相簿的感覺還是比逛網路相簿多了份踏實，就像我還是無法從網路上讀小說一樣。而且整理相簿的同時也可以重溫當時的情景，說我多愁善感也好，說我跟不上時代也罷，顯然這種人還不少呢！因為網路上隨手一搜尋，各式標榜手工製造的相本、個性化的相本、可供任意拼貼並附加可愛貼紙圖案的相本，尤其是素面的相本，只要在封面放上個人的照片，就是一本與眾不同、絕無僅有的相本了。

在家跟著體驗：

從另一半auntie整理相本的經驗，歸納出以下幾項法則：

1. > 選用自黏式的相本：如此以來才不受5x7、4x6或3x5的限制，而且可以同時放進其他具有紀念價值的佐證，如前述所提的書信、出外旅遊的票根、收據或是風景明信片等。
2. > 適時加入註解：此部分完全隨個人喜好以及相簿的主人決定，可浪漫(如愛你的時時刻刻)、可戲謔(這是雙下巴還是三下巴啊)、可兩者合一。
3. > 適時加入卡哇伊的圖案或手工小物，就算是隨手塗鴉也很個性化呢。

精裝台版婚紗 V.S.
DIY美版婚紗

像美國知名的網上沖印及照片分享網站Shutterfly就也兼賣相本，「我用相本當成我的懷孕記事，每個禮拜都請老公拍下我的孕婦照，搭配懷孕期間拍的超音波照片，再加上我的懷孕心情、任何一個值得記憶的片段，有一天我要將這本相簿傳給我女兒……」，來自喬治亞的Janice在Shutterfly上的留言。在美國，每個媽媽都可以當小S出懷孕日記。

值得一提的是，台灣人都很捨得砸錢拍婚紗照，美美的婚紗、精心梳妝的造型、攝影師指導演出的夕陽擁吻、海灘追逐，拍出幾百張後再選出幾十張，最後再由婚紗公司放到比磚頭還重的相本裡，配上牛頭不對馬嘴的英文，最後變成大量製造的產物。

雖然一度也很想不免俗的飛回台灣拍婚紗照，還很興致勃勃的展示我朋友的婚紗照給另一半看，他不疾不徐的把手遮住新娘、新郎的臉說說：「妳不覺得這樣看起來套上誰的臉都一樣」，ㄟ，雖然眼前一片烏鴉飛過，卻不得不暗自承認我看過的數十對婚紗照都有這種兩人互看的pose。

好吧，這次算他狠，我決定在我們的婚禮紀實相簿的註解裡好好給他虧回來，而且強迫自己寫英文，這樣子公婆、大伯、嫂嫂、auntie大家都看得到，嘿嘿，天下最毒婦人心啊。

◎網站推薦

www.shutterfly.com

免費加入會員就可以與親朋好友分享網路相簿。

> **❝**
> 隨拍隨看的數位相機降低了等著相片沖洗
> 回家的期待感，翻閱相簿的感覺還是比逛
> 網路相簿多了份踏實。而且整理相簿的同
> 時，也可以重溫當時的情景。
> **❞**

① 封面加上照片就變成個人化的相本了。

②～**④** 整理相本時還可以加入成長過程的紀念品，如成績單、畢業證書等。

學美國人寵小孩但不溺愛

不像亞洲的小孩子很少發表自己的意見，個人主義至上的美國人，從小就被當做獨立個體對待。社交、教育、思考，從小樣樣學著自己完成。

❶ 在紐約到處可見推著高檔娃娃車逛街的父母。
❷ 上東城的高級童裝店。

有一次搭地鐵，聽到一對父子這樣的對話：

「爹地，我想搭N車到14街，轉4號車到華爾街站，然後再搭4號車到59街。」

「你確定你要這樣搭嗎？兒子。」

「嗯，我想去水邊看船。」

「OK，那就照你說的。」

我忍不住瞄了瞄這對父子，小朋友差不多4、5歲吧，卻已經煞有介事的發表主見，他說的路線還真是繞遠路，其實一班車就可以到了，但是這位美國爹地卻十分尊重孩子的意見。我忍不住懷疑台灣父母是不是還是會說：「小孩子有耳無嘴」，別說問小孩子意見了，只要小孩子能乖乖聽話就謝天謝地了。

又有一次在一家賣輕食、甜點的café，一個年輕爸爸帶著還在學走路的寶寶到店中，寶寶對五顏六色的甜點充滿好奇，連走帶爬的晃到甜點櫃前，爸爸亦步亦趨的尾隨著寶寶貼近玻璃櫃。「你要這個嗎？」爸爸問，還不會說話的寶寶只能用指的，爸爸也很配合，認真的揣測寶寶的意思，我在一旁忍不住看到入神，腦中浮現的是有一回在中正機場的候機室，忙著聊天的媽媽，對滿地亂爬的小孩子幾乎視若無睹，等到小孩子幾乎造反了，媽媽才又吼又罵。

> 美國人寵小孩是眾所皆知的，但是他們的
> 寵愛不是溺愛，他們只是把小孩當成獨立
> 的個體，從小尊重他們的意見，也認真的
> 聆聽他們的想法。

寵小孩但不溺愛小孩

　　只能說，美國人寵小孩是眾所皆知的，但是他們的寵愛不是溺愛，他們只是把小孩當成獨立的個體，從小尊重他們的意見，也認真的聆聽他們的想法。

　　有個為了孩子的教育而移民來的中國媽媽提到她那念國一的兒子，剛來紐約時十分不適應，原因竟然是因為廣州地鐵比起紐約的百年地鐵先進又乾淨，為什麼得千里迢迢的來這個又髒又臭的城市呢？一直到兒子上課後，媽媽才總算鬆了一口氣，因為兒子回來說「上課都可以講很多話，不像以前都只能乖乖坐著抄筆記，而且功課好少喔。」

　　雖然移民媽媽並不太確定這樣對小孩是不是真的比較好，但看到兒子開始喜歡去上學，媽媽也寬心多了。

在家跟著體驗：

幫小朋友辦生日派對
1.>讓小朋友參與意見一起規劃。
2.>設定生日派對的主題及節目。
3.>盛重其事的邀請小朋友的朋友及家長
　　一起參與。

❶ 一群父母在公園的旋轉木馬為小孩舉行生日派對。
❷ 友人Min為寶貝兒子小查舉辦的生日派對(左下角穿綠衣服的是
　小查)。(攝影 / Min)

社交場合從小適應

　　美國人另一個寵愛孩子的方法，就是幫他們幫生日派對。這幾乎是每個媽媽的重責大任，連華人父母都不能免俗，因為小朋友都會被慎重其事的邀請到其他小朋友的生日，自己小孩生日，當然也得幫他們辦一場溫馨的派對。這兒的生日派對可大可小，不過絕對不是買個蛋糕、吹個蠟燭就可以解決的，即使是最陽春的，還是得讓賓主盡歡。從主題設計、餐點準備到交換禮物，每一個細節都得關照到。別說小朋友小不懂事，或是長大了他們也記不得，他們可記得牢牢的。

　　我的另一半就有個頗為慘痛的經驗。他10歲的時候剛轉學到新的學校，朋友本來就不多，媽媽想說趁著生日派對剛好請些小朋友過來玩，家裡布置好了、蛋糕也準備了，連生日派對帽都戴好了，沒想到等

了半天，答應說要來的小朋友竟然都沒有出現，媽媽只好好話說盡地安慰小小受創的心靈。

　　沒想到這段傷心往事還被另一半記得牢牢的，講起來還挺感傷的呢。

小丑、魔術師全員到齊的生日派對

　　無怪乎許多媽媽得卯足全勁幫孩子風風光光的辦生日派對，甚至動用到專業的娛樂服務公司呢。曾經看過一個關於紀錄片，其中一個主人翁的工作就是紐約兒童派對的小丑，他的工作就是穿上小丑服、化上小丑妝，帶著氣球、玩具以及各種道具走進生日派對，給所有的小朋友意想不到的驚奇！

　　其實小丑只是娛樂服務公司眾多的服務項目之一，他們會針對小朋友的年齡推出

不同的配套措施，年紀小一點的小朋友變魔術、演布偶戲給他們看，或幫他們畫面具、畫刺青；年紀大一點的乾脆直接教他們變魔術、跳夏威夷草裙舞或是芭蕾舞。不想這麼激烈的，講故事、童謠教唱也是業務範圍之一，收費以小時計。

　　無怪乎美國娛樂事業這麼發達，原來是從小培養觀眾群呢。

① MOMA外觀。
② MOMA的中庭。
③ 博物館就是寓教於樂的大教室。

把博物館當教室——學美國人的社會教育

美國的博物館早已經跳脫收藏物品的範疇,而負擔起更進一步的社會教育功能。不論老幼、學生或社會人士,都能找到適合你的展覽內容,激盪新知。

有什麼地方是可以讓一群一分鐘都坐不住的小朋友聚精會神的安靜下來,將一件事情從頭到尾不假他人之手的完成呢?不是有老師管秩序的學校也不是安親班,而是人來人往的博物館。對畫畫有興趣的小朋友趴在埃及祭師雕像前畫素描,不想畫畫的就拿著問題找答案(我猜全部答對的應該可以得到博物館準備的紀念品吧),這可讓這群小朋友忙上好一陣子呢。

我6歲,我可以批評梵谷、莫內

每次到大都會博物館或MOMA,看到這些半大不小的小孩從小就可以出入埃及神殿,並接受莫內、梵谷、拉斐爾等的洗禮,再想到我們以前美術課都被英文老師借去補課,好不容易盼到校外教學進了故宮博物院,也只記得看了翠玉白菜跟那塊像五花

肉的石頭，就覺得生在美國的小孩真幸福，「美感要從小培養」對他們而言不只是喊喊的口號，而是日常生活的一部份。

進入各大博物館的網站都不難找到「教育」的選項，針對各年紀、各階段的學生設計活動，有專人解說的「導覽行程」已經沒啥稀奇，因為幾乎各家都有在做；但一個小時的導覽行程通常光是介紹幾幅作品就已經頗豐富了，對於我們這些已經稍有概念的成人能增加欣賞作品的知識，但對於尚在啓蒙階段的小朋友們，這樣的導覽則稍嫌不足。像MOMA針對小學及國中生的導覽就偏重他們對作品的觀感及評論能力的訓練，以單幅作品為主軸，鼓勵小朋友發表他們自己的看法，不管是馬諦斯的《舞》還是梵谷的《星空》，小朋友一樣有發表意見的權利，而不是單純的被告知說這是世界名畫所以不得批評。而導覽前的準備及結束後的延伸課程，MOMA的工作人員都會跟老師討論，讓一小時的導覽延展到課堂上。

我16歲，我想進皮克斯當動畫家

而對於年紀稍長的高中生可以玩得活動就更多了，很多人也許不知道MOMA的館藏其實還包括影像藝術，就是所謂的電影啦，為了鼓勵MTV/電玩世代的高中生走進藝術及實驗電影的世界，MOMA每星期五晚上免費讓高中生進來看電影、吃比薩，還可以跟電影幕後的工作人員問問題，像創作《蟲蟲危機》、《怪獸電力公司》等叫好又叫座的皮克斯動畫工作室(Pixar)就曾經參與座談。

對科學實驗有興趣的高中生則可以參與MOMA的館藏保存、修復的課程，與工作人員一起探索油畫、雕塑、照片等不同類型的作品保存及修復的方法。

❶～❹ 參觀者可隨著館方提供的導覽語音系統聽取作品的解說,大人、小孩皆適用。

多采多姿的分組活動

　　MOMA的教育課程已經算是頗為完備了,當我看到國家級的史密森尼博物館(Smithsonian Museum)的教育網頁才真的是嘆為觀止。該網站的中文網頁是這樣寫的:「當您觀賞史密森尼的16座博物館、美術館和國家動物園時,您就進入了全世界最大的博物館系統。史密森尼總共收藏逾1.42億件藝術品和標本,供美國人民觀賞。」

　　對很多老師而言,雖然本科的專業知識豐富,但要如何以有趣的教學法引發小朋友的興趣,還真得在教材上花一番功夫呢。為了介紹發明飛機的萊特兄弟,史密森尼博物館的教學組為4到8年級生及高中生準備的教案是將學生分成五組,各組分配的閱讀材料包括萊特兄弟的日記、電報、書信、訪談、雜誌報導,再從這些材料中找出問題的答案。如第一次飛行是在何時、何地、由誰飛行等,然後各組再比較他們的答案。此外,教材中還為學生整理出關於飛行的相關字彙,包括機械、動力等比較冷門的單字。

　　這個教案只是「美國歷史及文化」下的一個,其他分類還包括「藝術及設計」、「科學及科技」、「語言藝術」等,每一個分類裡都有適合不同年級學生的教材,讓老師直接下載使用。就算暫時沒機會到博物館實地參觀,這些教材足以讓學生對美國有了全盤的瞭解。等到有機會參觀博物館時,史密森尼又有一套建議事項讓老師在參觀前、參觀中、參觀後使用,連可以問學生什麼問題都列出來了,如「如果你是藝術家,你會有什麼不同的創意?」「如果你是某某發明家,你會如何解決這個問題?」……等。

我是新移民，我比紐約客更瞭解紐約

雖然孩子的教育通常被擺在第一位，美國也並沒有忽略博物館的成人教育。像位於紐約下東城的「下東城組屋博物館」(Lower East Side Tenement Museum) 保存了當年猶太人移民到紐約所居住狹小擁擠的房子及日常生活用品。紐約又是移民不斷湧入的城市，所以他們便針對了所有學習英語的成人設計了導覽行程前的準備教材，如鼓勵學生討論：「你為什麼移民來美國？」或是畫下他們居住房子格局等，以便在參觀時做比較。

雖然美國只有短短兩百多年歷史，或許就是因為短吧，他們很努力的將每一個章節放入博物館中，再藉由博物館的教育功能傳遞給每一個美國人，以生動活潑的方式融入日常生活，博物館不是學術殿堂，而是可以玩得很盡興的大教室。

◎網站推薦

1. www.moma.org/destination

MOMA針對小朋友所製作的網頁，針對經典館藏做導覽，十分淺顯易懂、活潑有趣。

2. www.smithsonianeducation.org/educators/

史密森尼博物館為老師設置的網頁，裡面有所有的教案，詳細到不行。

3. www.tenement.org/tours_esol.html

下東城組屋博物館為新移民所設計的導覽行程，也提供老師參觀前給學生的準備教材

學美國名人歐普拉發揮社會影響力

台灣人只記得她是個黝黑壯碩的脫口秀主持人,但美國人才知道,她的影響力有多大!在一片腥羶色為主、搶收視率的環境中,她以關懷弱勢的節目內容,成功擄獲美國女性的心。

1 歐普拉的脫口秀通常會邀請一些弱勢族群或生活中面臨困境的人。(翻拍自ABC電視網)
2 歐普拉有14億美金的身價。(翻拍自ABC電視網)

　　早在台灣的時候就耳聞美國有一黑一白兩個最會賺錢的女人,白的是居家女王瑪莎史都華,她的節目台灣有播過知名度也比較高;黑的是脫口秀女王歐普拉,她的節目台灣沒有播,加上很奇怪的是她在台灣媒體出現的新聞都很片段又多圍繞著她的體重打轉,所以對她的印象說不上好也說不上壞。

不靠腥羶色創下3千萬觀眾收視率

　　一直到了美國,可以在下午4點到家看電視,開始跟著很多家庭主婦(一個禮拜有3千萬人收看)一樣每天準時收看歐普拉,漸漸的我開始感受到歐普拉獨特的個人魅力,以及整個節目幕後2百個工作人員努力蒐集各種素材,還有無數鼓起勇氣上節目分享他們令人鼻酸的故事的觀眾。

脱口秀在美國電視節目裡算是大宗，白天時段的脱口秀多針對家庭主婦，瑪莎史都華在出獄後復出的脱口秀就在早上11點，一如往常教大家如何看似悠閒的做難度極高的家事；不然就是比壹週刊還八卦，把外遇對象是自己老婆的妹妹的老公三個人一起請上節目對質，或是懷疑小孩是老婆跟別人偷生的不認，沒關係，來上節目，節目出錢幫小孩驗DNA；也有離婚法庭，吵得不可開交的怨偶上節目讓法官以及全國觀眾來評評理……在眾多光怪陸離的日間脱口秀裡，歐普拉關懷弱勢的角度顯得格外溫馨。

出身貧寒關懷弱勢幫助需要幫助的人

這跟歐普拉本身出身貧寒有關吧。1954年出生於密西西比的歐普拉，母親是女傭、父親是礦工，生她的時候都還不滿20歲。歷經貧困的童年、不甚順遂的青春期一直到進入田納西州立大學主修傳播才露出一線曙光，畢業後進入地方電視台納什維爾(Nashville)WTVF-TV最年輕以及第一個非裔女主播。

1984年，歐普拉開始接手一個原本收視率不太好的晨間脱口秀，剛開始只有半小時，因為叫好又叫座延長到1小時，也改名為《Oprah Winfrey Show》，去年歐普拉才剛慶祝節目開播20週年，她的合約一直延續到2010～2011年，1年要做140集的節目。

近身接觸歐普拉：

1. > http://www.oprah.com
   歐普拉的官網，可以看到每一集節目的摘要及所有歐普拉相關的公益活動，如「天使網路」、讀書俱樂部等。

2. > 歐普拉20週年DVD全集
   收錄了歐普拉脫口秀二十年的全記錄，一套有6片DVD，包括早年的歐普拉節目訪談、名人訪談精彩片段、歐普拉讀書俱樂部、幕後花絮等，還可以一窺歐普拉的居家生活。值得一提的是，此套DVD屬於歐普拉製作公司Harpo的收入會全數捐到「天使網路」作公益。有興趣的話可以從Amazon訂購。

歐普拉脫口秀二十週年紀念專輯的DVD。

出版史上無人出其右的歐普拉讀書俱樂部

歐普拉的影響力有多大呢？從幾個例子可以一窺端倪。她在節目中所推出的《讀書俱樂部》(Oprah's Book Club)是有史以來最具影響力的「書評」，擁有全球最多的60萬名會員。記得我在上出版行銷課時在出版社工作的老師就提到說，一旦被歐普拉欽點的書，消息公布前出版社就會加印上百萬冊，並要求書店保密，一旦名單在節目公布後書即立刻上架，接下來就是一陣狂賣，而且是長賣。

《出版研究季刊》(Publishing Research Quarterly)也曾針對此做過統計，經濟學教授巴特勒根據美國最暢銷的報紙USA Today暢銷書排行榜作為統計根據，歐普拉從該單元開播到2002年4月停播前推薦的45本書，其中只有11本曾經進過排行榜，而且名次最高也不超過25名；然而這11本書在被歐普拉推薦後馬上躍升到排行榜前4名。為了避免爭議，現在歐普拉只推薦古典小說，這些原本幾乎被人遺忘的好書也鹹魚翻身成為暢銷書。

另一個例子是每年耶誕節前都會推薦她的愛牌提供大家送禮的參考，譬如說ipod、Tivo都曾在名單之列，最棒的是所有的推薦品現場觀眾通通有份，當然都是廠商提供的囉。2004年歐普拉的推薦愛牌裡赫然出現龐地亞克Pontiac G6房車，現場276個事先並不知情的觀眾直接被帶到停車場後莫不欣喜若狂，能讓廠商大手筆的送出這麼多輛汽車做公關，截至目前為止也只有歐普拉了。

自曝其短以身作則
不畏異樣眼光

雖然我看歐普拉的時間並不算長,但她所散發出的真誠、溫暖及幽默感常常讓我看到笑中帶淚,有時也不禁自嘲是不是上了感情豐富、淚腺發達的婆媽年紀的自然現象。尤其是看到歐普拉以公眾人物的身份在電視上談到她9歲時被強暴,之後還持續被母親表姊的男友性侵害時,真的很難相信她願意分享她人生中最不堪的經驗,只為了鼓勵更多在黑暗角落中哭泣的受害者能走出來求助。因為受到性侵害的人如果不受到妥善的諮商輔導,不分男女,也往往會成為加害者。

還有一回歐普拉請到曾經誤入歧途成為妓女後來從良的少女來上節目,特別的是她們的出身是小康中產階級,而非出身貧寒。歐普拉跟少女說:「妳知道嗎,今天妳就算從良了,走在街上、走在學校別人對妳指指點點是無法避免的,但是妳要相信,自己唯一能做的就是向前看。」話剛說完連不屬於歐普拉收視族群的我老公都突然插話說:「說得好,歐普拉!」

媒體巨擘＋慈善家＝
14億美金的身價

無怪乎從脫口秀起家的歐普拉媒體版圖越做越大,每期都是歐普拉當封面的《O》雜誌(O, The Oprah Magazine)、只做零售的《居家雜誌》(O at Home)、鎖定女性觀眾的Oxygen氧氣有線電視頻道、演過電影《紫色姊妹花》、跨足《紫色姊妹花》的百老匯音樂劇製作、接下來還要在採訂閱制的衛星廣播頻道XM Satellite Radio主持節目,全部業務都在她的媒體製作公司Harpo Production (Oprah的反寫)旗下,讓歐普拉在《富比世》(Forbes)雜誌2006年所公布的調查身價高達14億美金,是第一個成為億萬富翁的非裔美籍人士。而在2005年「年度百位名人權力排行榜」(Celebrity 100)名單上,她也從由2004年的第3名躍居榜首,高爾夫球名將老虎伍茲及梅爾吉勃遜則分列第2、3名。

除了媒體版圖外,歐普拉也活躍於公益活動,她曾追本溯源的回到南非幫助當地貧窮失學的孩子建立學校,也在網站上成立了歐普拉天使網絡Oprah's Angel's Network,鼓勵大家起而行的做善事同時影響周遭的人。目前該網絡從1998年成立至今已募集了2千7百萬美金,由於所有的營運成本都由歐普拉本人支出,所以所有的募款所得都直接捐助到需要的單位,幫助全球失學的婦女及兒童。

說歐普拉是全美甚至全球最富有的心靈導師,一點也不為過。

學美國人用高中畢業舞會轉大人

台灣的男生聊起當兵，話匣子就停不了；而美國人不分男女，高中畢業舞會都是他們永恆的回憶。他們挖空心思、努力準備，它就是高中生的成年禮。

我修過一門雜誌廣告行銷的課程，老師是《Working Mother》雜誌的發行人，做了十幾年的雜誌廣告業務，有一回上課提到和客戶談生意時要怎麼開場最安全，尤其是一群半生不熟的人聚在一起時，她說：「高中畢業舞會Prom是屢試不爽的話題，因為每個人都參加過，話匣子一開就停不了，既安全又最能引起共鳴。」當場我聽了就傻眼，台灣的高中生拼聯考都來不及哪有心思參加什麼高中畢業舞會，連大學的畢業舞會都很陽春，倒是畢業典禮當天的丟水球還有點看頭。

原來高中畢業舞會對老美還真是意義重大，即使在十幾年之後談起來都還可以神采飛揚，即使當年的舞伴已嫁做他人婦，當年的浪漫激情依然刻骨銘心，所有的五味雜陳一瞬間一股腦地湧上心頭，話匣子一開，氣氛就熱絡了起來，接下來生意一切好談。

> 高中畢業舞會是所有高中生眼巴巴盼望的人生盛事。每一個細節、每一個步驟都歷經好幾個月的籌畫，有些人更是從一進高中就開始了籌措經費了！

盛重度不亞於婚禮的Prom

高中畢業舞會的英文是Prom，Prom有兩次，一次在11年級的Junior Prom，一次在12年級的Senior Prom，通常在4、5月時舉辦，這可是所有高中生從一進高中後就眼巴巴盼望的人生盛事。學校是主辦單位，男女生都會盛裝出席，從選舞伴、選禮服、選燕尾服、選髮型、選飾品、租加長型禮車、舞會前派對、舞會後晚餐等，每一個細節、每一個步驟都歷經好幾個月的籌畫，經費的籌措有些更是從一進高中就開始了(光是禮服就可以花上幾百塊到幾千塊美金，這對高中生可是天文數字)，所有所有的努力，除了Prom象徵轉大人的成年禮外，也為了留下往後幾十年都可以津津樂道的回憶，其重要度不亞於婚禮呢。

無怪乎只要在Google上查詢"Prom"，一連串Prom諮詢網站跟結婚網站有得拼，無限的商機包括上述所有的商品及服務(就差沒有提供舞伴出租的服務了)，外加專家建議、經驗分享、討論區等，洋洋灑灑可以逛上好一陣子。

其實Prom不是美國獨有，英國、加拿大、澳洲、紐西蘭等地都有，連《哈利波特—火盃的考驗》裡都有類似的情節，雖然故事中時間是設定在耶誕舞會，但是他們在魔法學校的年紀正值青澀的高中時期，參加舞會的心情跟Prom幾乎不謀而合。妙麗成為哈利波特對手維多‧喀浪的舞伴，而令哈利臉紅心跳一心想邀請的張秋卻成了西追的舞伴，榮恩因為穿了一件像老祖母般的外套而被恥笑，對我這個沒機會恭逢其盛、青春期失歡的五年級生而言，也只能靠電影過過乾癮了。

Do You Know......

感受一下"Prom"的氣氛：

1. > http://www.worldsbestprom.com/
   高中畢業舞會的紀錄片—世界最棒的Prom，故事發生在維斯康辛州，來自七個高中的高中生共同把他們的高中畢業舞會變成一場走紅地毯、鎂光燈閃不停的盛會。

2. > http://www.imdb.com/title/tt0074285/
   根據史蒂芬金同名小說改編的電影—凱莉(Carrie)，將高中畢業舞會變成一場恐怖片。

①～③ 選一套亮眼的禮服是準備畢業舞會的重頭戲。(圖片提供 / Juanita Larivaux)
④、⑤ 轉大人的畢業舞會其實也是同窗各奔前程的友誼會。

畫下高中生涯完美的句點

正宗描寫Prom的電影當推《美國派》(American Pie)了，四個高中生Jim、Kevin、Finch和Oz約好在畢業舞會當晚要告別他們的處男生涯，雖然他們用盡各種辦法，舞會上也不乏辣妹，「上壘得分」的過程卻並不順利。儘管電影中圍繞著性

④

⑤

事打轉,多少也反映了許多高中生的確期待在舞會結束後有所謂的Happy Ending,但對多數的高中生而言,Prom最令人難忘的還是同窗多年的死黨即將各奔前程,Prom是他們一起劃下完美句點的方式。

此間的《世界日報》也曾採訪過紐約明星高中史岱文森的華裔學生參加Prom的經驗,相當貼切的傳達了Prom之所以讓美國高中畢生難忘的原因:「陳彥甫和好友共14人租了一輛白色大禮車,大家在車子裡照相、聊天,享受豪華氣派的感覺。畢業舞會也相當於高中生的成年禮,象徵成人生活的開展。陳彥甫感慨地說,『這是一個特殊的日子,你看到平常的同學好友盛裝打扮,並和約會對象共度浪漫夜晚,這也是畢業前最後一次和同窗好友如此親近相處。』」。

學 美 國 人
開 設 活 到 老
學 到 老 的
終 身 學 習 課 程

台灣教育市場中蓬勃發展的成人教育課程，在美國已經發展得十分成熟，不論什麼樣的課程都有人開設。尤其針對新移民的課程，更是協助他們融入美國社會的重要助力。

能夠與紐約結下不解之緣，還得歸功於紐約的成人教育課程。當初只是單純的想在紐約待上比自由行長的時間，又不想無所事事的亂晃，名正言順的藉口就是「遊學」了，當年又是網絡泡沫化前最火紅的時候，從網路上我找到了NYU紐約大學的「電子商務」學程，只要修完五門課就可以拿到證書，就這樣我拖著一大一小的行李來到舉目無親的紐約，從原本預定的三個月，欲罷不能的待到六個月觀光簽證期滿才離境。

NYU的進修課程針對的是本地上班族，老師也都是業界的菁英，他們通常在第一堂課就會開誠布公的說：「如果你是公司補助來上課的，公司有規定成績要幾分以上才有補助的話，請事先跟我說，否則後果自行負責。」顯然老師也頗瞭解上了一整天班還要來上課的學生的辛苦，在成績上也會手下留情。

❶ Learning Annex的課程表在紐約街頭隨處可見。
❷ 著作等身的Depok Chapra在Learning Annex開課。

終身學習的附加價值——廣結善緣

很巧的是，在一堂「網路行銷」課程上竟然他鄉遇故知碰到三個當時也是做廣告的台灣人，大家有志一同的放下手邊的工作來紐約充電兼玩耍，後來我回到台灣後還跟其中的一個成為同事。除了因緣際會外，也深刻體會到再進修除了充電外，建立人脈是更珍貴的附加價值。

除了這樣正規上課的課程外，其他的各式課程更是族繁不及備載，從很正常的品酒、調酒、烹飪、風水等，有點怪的寵物靈媒、如何賺政府的錢、如何開B＆B到限制級的「後庭花101」、「懷孕時愛要如何做」等光是看到名字就已經令人臉紅心跳的課程，總之只要有錢有閒，不愁沒有課上。

在眾家經營成人教育課程的機構中，"Learning Annex"算是其中名氣最響噹噹的。創辦二十五年，每年舉辦超過八千場的課程，含括職業培訓、致富之道、心靈成長、兩性關係等，連慾望城市裡都有一集演到凱莉受邀到Learning Annex開授兩性關係的課程，當然啦，凱莉本尊莎拉潔西卡帕克也曾在Learning Annex演講過，平均一堂三小時的課索價40到50美金不等，和一張百老匯秀中價位的票差不多，不過很多課程都標榜只要來上課，他們會教會聽眾升官發財的釣魚方法。

> 除了正規課程外，各式各樣的品酒、調酒、烹飪、風水、寵物靈媒、如何賺政府的錢、到限制級的「懷孕時愛要如何做」等課程，只要有錢有閒，不愁沒有課上。

A片導演真槍實彈教你拍A片

我看過Learning Annex開過最勁爆的課是教人家如何拍A片，他們真的請到前A片演員現任A片導演，同時是描述A片事業的《Reality Show》男主角的Adam Glasser(花名Seymore Butts)來開課。

我雖然沒有躬逢其盛，但課程的片段在他的Reality Show—《家庭事業》(Family Business)播出，為了實際操演，他率領旗下眾女星到現場真槍實彈示範，看得在場學員口水流滿地，我也在螢光幕前看到目瞪口呆：「美國人還真是開放啊！」(http://www.sho.com/site/fbiz/previous_episodes.do)

當然啦，多數的課程是沒這麼刺激啦，像許多針對美國新移民開設的ESL英語、公民入籍課程，針對青少年開的電腦班上完課還幫忙找工作等，最棒的是這些都是政府出錢，雖然並沒有強制性，但是為了找到更好的工作，新移民們都搶著上呢。

針對新移民的ESL課程與生活結合

無心插柳的成為ESL老師，也有機會和這些華人移民接觸及其他的ESL老師接觸，才發現美國能靠著移民壯大還真是有原因的。對於移民而言，他們為了更好的生活、更好的教育，在連26個字母都說不完整的情況下來到美國，雖然要找到餐館、衣廠或是其他的勞力工作並不難，但是他們依然期待有一天能夠不用再求人幫忙看英文信、不用翻譯就可以跟小孩的老師溝通等，年輕一點甚至以考上高中同等學歷為目標，不管是繼續念大學或找工作都有更多的選擇，所以很多學生都是做了一整

①、② Learning Annex的免費心靈成長課程吸引了不少聽眾。
③ 為移民開設的成人英文班校外教學。

天工後趕來上課。

　　而對於ESL的教學也不同於針對升學的傳統教法，而是針對新移民的日常生活以主題性來編輯教材，如如何搭乘地鐵、認識你所居住的環境、食物營養成分與超市購物等，在學英文的同時也學到了實用的生活資訊。

　　根據統計，進入2000年後，台灣每年外籍婚姻比率都超過百分之11以上，也就是每100對婚姻中有近12對為外籍通婚，而外籍新娘也成為台灣的第5大族群。雖然其中以同文同種的大陸新娘佔多數，但是畢竟在生活層面上差距依然存在，美國協助移民融入社會的經驗正可以供台灣做參考。

◎網站推薦

1.http://www.scps.nyu.edu/
　　NYU 的成人教育課程，我當初就是在上面找到短期遊學的課程並完成報名手續。

2.http://www.learningannex.com
　　Learning Annex每天更新的課程。

3.http://www.cuny.edu
　　紐約最大的公立大學系統，旗下的19個學院都有開設成人ESL的課程。

圖片提供／Mall of America

RECREATION

學 美 國 人 樂

能包人一生的美國超大 shopping mall

逛也逛不完、宛如一座城市般的購物商場，說是美國的專利也不誇張。雖然大多位於都市邊陲地帶，但卻能徹底滿足一家老小的各種需求，甚至還能成為國際觀光景點！

大到像一座城市的shopping mall對我們這些在美國的「老外」，尤其是初來乍到的，還真是既新奇又挑戰體力、耐力、荷包的觀光勝地，但是對老美而言，shopping mall可是從小到大的生活重心，還被抱在手上的時候就被父母帶去mall裡的麥當勞，大一點了跟著去玩具反斗城買玩具、到Gap買童裝，再大一點下課以後跟死黨一起去打電動，談戀愛時手牽手去AMC影城看電影，要結婚了到David's Bridal婚紗量販店挑禮服、到Zale's挑鑽戒，我就這樣在mall過了一生，一點也不誇張。

一個mall就是一個小城鎮

mall是道地的美國產物，雖然最早類似mall的型態，有遮蓬的戶外市集早在西元10世紀就出現在波斯帝國的首都，

位於伊朗中部的城市Isfahan，20世紀中期，隨著美國白人逐漸往市郊搬遷及汽車文化盛行，大型購物中心開始零星出現，但是真正將mall文化成功複製的還是來自奧地利的移民建築師Victor Gruen，1950年代，西雅圖、底特律、明尼蘇達雙子城等城市的大型購物中心陸續開張，這些結合了眾多商家、寬廣的人行走道及一望無際停車場的mall幾乎成為每個城市的市中心，雖然它們通常都在城市的邊陲地帶。

就像出了台北才是台灣，出了紐約才是美國，光是從紐約沒有mall這一點，就可以理直氣壯的說紐約真的很不美國，不然我也不會在到維吉尼亞州訪友時，看到那兒的商店都是一字排開前有停車場驚訝的說：「你們這裡的店面怎麼都是獨立門戶，各自佔地為王？」朋友啼笑皆非的回說：「美國的店都是這樣啊，是你們紐約

很奇怪吧！」哈哈，紐約客頓時變成鄉巴佬，不知道這可是美國另一種形式的購物中心——店面成帶狀的strip mall呢。

冬暖夏涼適合全家出遊
玩上一整天

雖然我熱愛在紐約街道間晃發現不知名小店的驚喜，卻又不得不偷偷承認，全部都是連鎖店的購物中心還是很好逛。尤其是所謂的outlet mall，全部都是名牌過季商品的購物中心，本來就已經是正品的5到7折，如果再碰到耶誕節後的跳樓大拍賣外加折價券，簡直買到手軟。

看來有戀mall情結的紐約鄉巴佬為數還不少，一來是紐約有很多外來人口，他們本來與mall就有血濃於水的感情，二來像我這種哪有便宜哪裡撿的摳摳族也是德不孤必有鄰，紐約的巴士總站已

一起來逛美國shopping mall：

1.> 走進mall的第一件事在服務台先買一本五塊錢的折價券，裡面除了有各家商店的折扣外，還有如咖啡買一送一、買漢堡套餐送飲料之類的折價券等。

2.> 接下來研究樓面配置圖，先圈選出預定下手的目標，並沙盤推演出動線，希望不錯失或走重複任何一條路線(雖然常常突搥)。

3.> 如果走進店裡發現苗頭不對，如貨色不齊、款式不優，就頭也不回的往下一個目標轉進，因為想逛、能逛的店多如牛毛，又何必留戀一家店呢？

4.> 逛累了，mall裡面的小吃街雖然選擇不如台灣的美食街，但是以美式食物的角度來說算是頗為多樣了(包括台灣吃不到的美式中國菜)，反正對我們而言，吃在mall並不是第一要務。

① 誰說到shopping mall只能購物呢？Mall of America有全美最大的室內主題樂園。(圖片提供 / Mall of America)

② 從買ipod到配眼鏡，到mall一次搞定。

③ 小孩專屬的理髮店mall裡也有。

④ 逛mall最方便的就是不怕找不到車位。

⑤ 逛累了補充體力再出發。

⑥ 除了正規店面外，中庭都還設有攤位。

經開起了血拼專車，路線包括到離紐約車程約40分鐘、位於紐澤西的Jersey Garden outlet mall，以及到紐約州威名遠播亞洲的Woodbury Premium Outlet Mall。

最近一次跟友人到outlet mall是再平常不過的星期四下午，沒想到如灰狗巴士大小的巴士竟然坐了九成滿，還不時聽到操英國腔英文、德國腔英文的遊客，我們彷彿上了聯合國血拼專車。

雖然mall的規劃很制式化，沒有搞怪的小店也沒有異國美食，連格局也都大同小異，或許正因如此，更適合全家大小一起出遊，冬暖夏涼的寬廣購物環境，那怕外頭是颳大風、下大雪，mall裡面永遠明亮舒適，三步一小張座椅、五步一大間廁所，逛街的民生問題在mall裡從不成問題。

◎全世界最大的購物中心

究竟mall可以大到多大呢？佔地120萬坪，擁有520家店面、全美最大的室內主題樂園、1千2百萬加侖的水族館、14廳的電影院、20家餐廳、1萬3千名員工，通通都在全世界最大的購物中心─位於明尼蘇達州Bloomington的Mall of America。

http://www.mallofamerica.com/

①

學 美 國 人 把 看 球 賽 當 全 民 運 動

美國人一年到頭都有豐富的體育賽事可以欣賞，再加上實力堅強、世界級的比賽水準，也使國民個個成了運動迷，各種體育賽事都讓全國為之沸騰。

雖然去過洋基隊的球場跟著全場呼喊Go Go Yankees，也曾守在電視機前看洋基隊把江山拱手讓人而飲恨，也湊熱鬧的跟著千萬美國人似懂非懂的看美式足球超級盃(Super Bowl)，但是對我而言純粹是好奇的參一腳，想說既然住在運動大國如果完全不聞不問運動賽事也未免太孤僻了些。

1 ESPN位於時代廣場的酒吧/餐廳被譽為運動迷的迪士尼樂園。
2 NASCAR賽車在美國極受歡迎。

為一場比賽而瘋狂

不過對於有人可以在eBay上競標紅襪隊的門票，最後以一張1000塊美金得標後馬上訂機票從西雅圖飛到波士頓看比賽，或是敗回一台平面電漿電視以彌補在家看球賽缺乏臨場感的缺憾(每年超級盃開打前各家電器大賣場莫不卯足全力促銷電漿電視)，如此專業甚至瘋狂運動迷的行徑，實在超出我的理解能力範圍。

華盛頓郵報的資深運動專欄家及ESPN主持人Michael Wilbon的評論雖然十足的沙豬，似乎解答了我的困惑：「女人如果對體育一竅不通，在70年代還可以說她們可愛，現在的話則是令人倒盡胃口。因為現在世界大事除了戰爭外就是體育新聞了，對任何賽事置身事外根本就是不善社交吧。」

體育頻道大受歡迎

　　美國運動迷雖然親臨現場的機率相對高多了，但真正能漏夜排隊守候超值套票或是能一擲千金坐進VIP包廂的畢竟也是鳳毛麟角，不管是在家獨樂樂還是到電視牆環伺的sports bar眾樂樂，運動頻道依然是運動迷的唯一救贖。和台灣不同的是，這裡光是ESPN就有9個頻道，除了主頻道外，還有專播經典賽事的ESPN Classic、針對西班牙語裔族群的ESPN Deportes、以及兩台高畫質的ESPN HD等。就算家裡沒有裝有線電視頻道，各家無線台如CBS、ABC、FOX、NBC等也都有賽事可看，通常集中在週末的下午時段。

　　看電視轉播的最大好處是現代科技之賜，不管是一隻安打、一個失誤或是盜壘、封殺等，都可以透過前後左右上下各種角度看到，每一個角度播一次甚至兩炎，簡直就像解剖一樣任何細節都無所遁形，所以這年頭要誤判或作弊還真是別自討苦吃了，全世界不知道有多少眼睛盯著看呢。

　　如果是看網球賽就更刺激了，不知道是巧合還是優生學，如果不是俊男美女似乎就與世界四大公開賽絕緣了，冉加上威廉斯姊妹花時而皮革族時而Lolita族的裝扮，讓網球除了看球技外，各式貼近到汗滴網球場粒粒皆辛苦的特寫鏡頭更讓人看得直呼過癮，就連我那運動白癡的另一半都說，有一個打網球的叫什麼娃的好可愛喔(還不就是那個性感萬人迷俄羅斯的莎拉波娃)！

「現在世界大事除了戰爭外就是體育新聞了，對任何賽事置身事外根本就是不善社交吧。」——ESPN主持人Michael Wilbon的評論

美國＋加拿大＝全世界？

只是，地大物博的美國有時還真的頗有「鎖國心態」，因為他們關起門來自己搞的比賽就很大了，所以當全世界都在瘋世界盃足球賽的時候，他們一意孤擲的只關心美式橄欖球，還硬是把用手傳接的球叫做football，把人家正宗用腳踢的足球

到運動酒吧感受一下：

1.>運動迷來美國如果無緣親臨球場觀戰，可別錯過到Sports Bar跟其他球迷一起喝酒、吶喊加油。http://www.sportsfansofamerica.com/Sports_Bars/main.htm有全美的運動吧資訊。

❶ 到紐約洋基球場看球是運動迷的朝聖之旅。
❷ 到Sports Bar看比賽、喝小酒。

叫做soccer。就算只有兩大聯盟火拼的職棒，都可以冠上世界盃(World Series)的名號，每每我以此點質疑老美時，他們給我的答案都是「加拿大也有參賽啊」，可是這充其量不過是「北美盃」吧。

賽車也是，連棒球看大聯盟、籃球看NBA的台灣人都選擇跟上全球腳步瘋F1方程式賽車時，美國人依然我行我素的沈溺於橢圓形跑道的NASCAR賽車，沒辦法，誰叫他們運動迷人口如此蓬勃到足以不假外力撐起一片天呢？

一年到頭都有賽事看

1.NBA：2月明星賽(All Star)、4月下旬開始季後賽、6月總決賽
2.NCAA(大學籃球賽)：有所謂的「瘋狂三月」(March Madness)，65隊大學籃球隊在20天內比賽

3.NFL：曲棍球比賽，4月底開始打季後賽，16隊在六月底爭取總決賽冠軍。
4.US Open Golf：6月比美國公開賽高爾夫版
5.US Open Tennis：8、9月比美國公開賽網球版，賽事在紐約
6.NFL：美式足球從9月打到1月，1月底的超級盃Super Bowl是全美收視率最高的運動賽事
7.MLB：美國職棒熱身賽從3月開打，一直打到10月的季後賽，季後賽由二聯盟各區冠軍及各區第二名中最佳勝率者(外卡)參加，共計八隊。季後賽採淘汰制，三輪的名稱分別為：分區系列賽(Division series)、聯盟冠軍賽(League Champion series)和世界大賽(World series)。

學美國人養成運動好習慣

美國人大力鼓吹運動的好處,不僅能維持身體健康之外,更能夠增強大腦的決策能力。再加上專業又價廉的各種設施、名人的鼓吹,真的讓美國變成追求健康的國度呢!

為什麼要運動呢?每天工作已經累到半死了,哪有「美國時間」運動啊?說真的,要持之以恆的運動還真得需要動力呢。

運動訓練大腦的決策力

以往我們聽到鼓勵大家運動的說法不外乎是「人就是要動啊,越動越健康」(這我也知道,就是做不到),還有培養什麼勝不驕敗不餒的運動家精神(還真是唱高調啊,我吃飽喝足睡到自然醒就很有精神了),不過最近我聽到一個醫生的說法頗吸引人—「每個運動的動作都是大腦下的一個指令,下了指令後就要馬上行動,跑步就是往前跑,揮拍就是揮拍,不能有所遲疑,這對愛胡思亂想、難下決策的人是絕佳的訓練,每天運動30分鐘訓練大腦的決斷力,做決定時才能快狠準,而不是浪費腦力跟時間左思右想兜圈子,自然而然身

網上瘋運動：

1. > http://www.rei.com
擁有280萬會員，全美最大的戶外用品專賣店，從上山賣到下海的器材。

2. > http://www.triathlons.net/firsttri/index.php
我的第一個鐵人三項，網站上有訓練跟比賽資訊，鼓勵大家獻出自己的「第一次」。

① 冰天雪地的依然有大批民眾下水。(圖片提供 / Vivian Doorn)
② 在游泳池中舉行的泛舟預備課程。(圖片提供 / Vivian Doorn)
③ 在REI戶外用品店的攀岩課程。(圖片提供 / Vivian Doorn)

體也跟著健康了起來。」這對總是愛左秤右秤求取平衡的的秤子而言猶如平地一聲雷，我正努力的思索該不該增加每個星期的游泳次數呢？

以前在台北的時候想要持之以恆的運動，如果不加入所費不貲的健身俱樂部似乎很難達成，除非是清晨慢跑去或是加入某些協會。同樣是大城市，紐約的健身俱樂部昂貴指數是有過之而無不及，最近看到的一個新開幕強調連長板凳都是從科羅拉多滑雪盛地Aspen運來的原木做的健身房，光是年費就是美金2千5百大洋，如果要另外上一對一的課程一堂再交1百塊。

小市民的價格
高規格的運動設施

還好資本主義之都紐約的市政府也有慈善家的一面，還是我們的稅也繳得夠多了，紐約市公園處旗下的五大行政區都有的休憩中心(Recreation Center)，設備與一般的健身中心比起來不遑多讓；有些還有標準游泳池，一年年費不過75美金，還卡通用所有的休憩中心，55歲以上老人10元、18歲以下小孩免費，而且他們都享有專屬的游泳池時段。常看到行動不便的老人家一樣可以優哉游哉的享受「魚水之歡」呢。

就算不加入什麼會員，運動用品專賣店也有開課。記得我第一次到西雅圖，熱愛戶外運動的友人V沒帶我去上太空針塔(Space Needle)卻帶我去了運動用品的殿堂REI，予其說那是運動用品專賣店，不如說它是室內的戶外運動訓練場，買一雙越野跑鞋擔心試穿只有走走路不準，沒問題，越野鞋部門旁邊就是模擬地形，有沙地、坡地，穿上越野跑鞋跑一圈回來感覺對了再帶回家。

① 全程長達26英里的馬拉松參加者眾多。(圖片提供 / Vivian Doorn)
② 美國家庭的週末親子活動：兒子打棒球，家長在一旁助陣。
③、④ 在紐約隨處可見戰況激烈的球賽。
⑤ 冬季限定開放的室外滑冰場。
⑥ 一年年費只要75美金的紐約市立休憩中心。

把越野跟攀岩搬進戶外用品專賣店

　　最了不起的還是REI把攀岩的岩場搬進了店裡，每個月都會針對小朋友、女生、菜鳥、高手等開設不同的課程，練就一身蜘蛛人的功力。

　　只能說美國人為了鼓勵大家多運動，甚至還有連哄帶騙的。「鐵人三項」聽起來很高難度吧，騎車、游泳再加上跑步，一種能撐完就很了不起了，要做鐵人三樣都得完成。其實沒這麼難啦，專門設計給「我的第一次鐵人三項」不僅降低了門檻，如里程變短，還祭出「我們選的湖泊像煎餅一樣淺」誘人的說詞，連勤練馬拉松但泳技年久失修的V都被說得心癢癢的。

億萬富翁的運動家典範

　　說起慢跑，台灣的慢跑名人首推小馬哥，連訪美行程裡都不忘清晨跑一跑，但如果距離拉到26英里的馬拉松，小馬哥還欠臨門一腳。美國的名人在做公益時，許多選擇捐錢，也有自討苦吃的跑馬拉松募款，如「吹牛老爹」(P.Diddy)跟歐普拉都曾歷經幾個月生不如死的訓練最後在眾多粉絲的鼓勵打氣下跑完全程，以他們的億萬身價捐幾個錢根本如九牛一毛，但他們選擇了挑戰自我的方式為千萬粉絲們樹立了運動家的典範。

　　看來運動不只是目的，更是一種手段。

學美國人過「Party all the time」的生活

老美的派對不只名目繁多，更有豐富的主題性。從小的耳濡目染，更讓美國人成為標準的「派對動物」(party animal)，每一場派對，都讓人費盡心思，更要讓你度過愉快時光。

在台灣大家要相約完全不需要名目，只要說哪邊有好吃的，哪邊有好玩的，只要稍微吆喝一下，不管是要加班的還是辦公室遠在汐止的還是都會排除萬難趕到，雖然過程可能是七零八落的姍姍來遲，就算趕不上第一攤，續攤時也終究會全員到齊。

巧立名目的普級轟趴

所以剛來紐約時對這兒名目眾多的相約方式頗不適應，因為我無法拿捏派對的盛大程度。我的一個土生土長的紐約客朋友愛開紅酒「轟趴」，而且他喜歡選在星期一晚上，地點在他家，理由是星期一剛上班心情有待調適相招來的喝酒剛好，而「轟趴」的費用也比在外面混夜店來得划算。立意甚佳吧，他還會煞有介事的發出伊媚兒邀請函給大家，

等到我也煞有介事的盛裝出席，才發現原來只是小貓兩三隻的隨性喝酒聊天，跟我想像的「轟趴」頗有出入，害我還是餓著肚子去的呢，結果只好拼命吃零食充飢。

另一個朋友的「奧斯卡」派對堪稱是年度盛事，因為她已經行之有年在奧斯卡獎頒獎典禮之夜開轟趴，還備有酒水及起司拼盤招待，我當然不會錯過這個又可以看頒獎又可以社交的機會，到了友人家已經是滿坑滿谷的人，大家各聊各的煞是開心，電視雖然開著，也的確正在播奧斯卡頒獎典禮，可是在場嘉賓似乎都是醉翁之意不在奧斯卡，酒酣耳熱、眉來眼去之際誰關心誰抱走了小金人呢？

經過幾次經驗，總算開始瞭解到老美的派對名目繁多，雖然最終目的都是找親朋好友聚一聚，但是總會找些名目讓派對更有主題性。多數時候「轟趴」是首選，因為氣氛輕鬆又經濟實惠，而且千萬別餓著肚子去，因為不像咱們台灣人把握機會吃好吃的，除非是以吃為主的聚會，如復活節、感恩節、耶誕節等有如我們「年夜飯」，出席成員通常只限自家人的聚會，一般有準備酒水小點就算盡責的主人了。

不過可別以為轟趴就可以隨便辦，多數時候都還是得大費周章一番。曾經參加過一個友人的生日轟趴，一般壽星只要等著別人帶蛋糕來就好，這個壽星女主人可是從下午就開始烤羊排、烤小餅乾，忙進忙出的不亦樂乎。晚餐後的餘興節目則是她未婚夫的樂團助興演奏，可說是賓主盡歡。

轟趴怎麼開？

1. > 選定主題
   主題各自發揮，春天來了開個迎春櫻花派對、夏天來了開個地中海度假村主題的，只要好玩就好。

2. > 發邀請函
   www.evite.com是專門讓大家發帖的網站

3. > 布置場地、準備道具
   貫徹主題，並要求參加者也適當配合一下

4. > 發感謝函
   賓主盡歡後再感謝大家光臨並期待下次相會

給未出世寶寶的baby shower
給準新人的告別單身派對

另一種十分流行的轟趴是baby shower，概念其實蠻像我們的「滿月酒」，差別在於前者是在寶寶出生前就由準媽媽的手帕交出面邀請眾家姊妹出席(傳統只限女性出席，不過現在也開放給男士參加了)，而後者是等小孩滿月了才辦桌請客或是分送太子油飯。既然是寶寶出生前辦的轟趴，家中妝點的就像育嬰房一樣可愛，而眾姊妹帶來的伴手禮也都是給寶寶的，嬰兒床、玩具、衣服等，讓寶寶出生前就可以感受到阿姨們的疼愛。

另外兩種理論上一生只有一次的是告別單身派對，新娘版叫bridal shower，新郎版叫bachelor party，這兩種可轟趴也可在外另覓場地甚至開房間，畢竟這是告別單身前最後一次出軌的機會。通常bridal party是由伴娘們（美國新娘禮俗上會有六個伴娘）籌畫，從坦誠相見的一起做Spa到一起狂野的參加脫衣舞男秀都在選擇範圍內。而bachelor party的限制級程度通常比起新娘版是有過之而無不及，但也是只有大夥兒聚聚喝到不醉不歸。

面對名目眾多的派對，配搭性的道具自然不可少。剛開始我對密度可以跟雜貨店一樣高的派對用品專賣店還十分不解他們是如何生存的，等到發現老美是不折不扣的轟趴動物party animal，又喜歡搞主題性，這時這些無奇不有的派對用品專賣店就變成頭號功臣，光是生日派對用的氣球、紙杯、紙盤就可以從一歲到九十九歲都有，可愛的baby shower、狂野的告別單身派對的道具也一應俱全。

開轟趴原來也是可以很講究的。

1 老少寵物皆歡迎的轟趴。
2 美國人開轟趴\有聊不完的天。
3 男主人Josh一手包辦BBQ。
4 乾脆把整條街封起來開party。
5 寵物派對的道具。
6 電影主題派對的道具。
7 這樣的派對用品專賣店在美國隨處可見。
8 針對準媽媽派對(baby shower)的餐盤、餐巾。
9 各式動物造型的面具。

電視兒童／影痴的救贖──Tivo與Netflix

從幾十年前只有少數電視頻道，到錄影機出現、第四台蓬勃，現在更因為Tivo及Netflix的出現，徹底改變了美國人的收視習慣。即使連現場節目，都能重播、快轉與倒退呢！

我本來就是個不折不扣的電視兒童，在那個還只有三台可選的年代，我就會和弟弟大打出手爭奪「選台器」(請注意，不是遙控器，而是那種有門的大同電視上手動的選台器)，為了不讓對方得逞，直接把選台器拔下來，接下就是一陣你爭我奪，恨不得把選台器直接吞下肚對方才無法得逞，等到兩造爭到上演全武行外加向母親哭訴對方的罪狀，30分鐘的卡通也已經開始唱片尾曲了，同樣的戲碼在我們家卻像歹戲拖棚般永不下檔。

錄影機問世後，我們家的頻道爭霸站總算休兵，因為可以看台視錄中視的功能減緩了我們的衝突，等到電視進入第四台時代，選擇突然多到像吃到飽的自助餐一樣撐，我們連錄都懶得錄了，因為多數有線頻道都是24小時全天放送，第一回合沒看到，重播第二回、第三回總碰得到，就算真的都錯過了也不會太難過，因為上百個

頻道總能轉到一個可以看的節目。

新的煩惱出現了，以前是選擇有限所以每個節目都很好看，現在是選擇太多如何在有限的時間內看到最多的節目，或是當不只一個頻道播放自己想看的節目時該如何兩者甚至三者得兼，或是很多電影頻道播放我想看電影的時段我剛好不在家，我又沒勤勞到隨時隨地查節目表做好預錄的動作，而綜合以上各項煩惱的集大成是每隔15分鐘的廣告讓我的生命浪費在不相干的事情上，例如企圖賣減肥餐或是賣悍馬車給我這個瘦不拉幾又沒有駕照的人。

聰明Tivo全都錄

還好有了Tivo，看電視從來沒有這麼隨心所欲過，也徹底貫徹了美國的建國精神─「自由」，我們不再是任頻道、廣告商宰割手無寸鐵的消費者，而是可以自由自在的選擇想看的節目，深夜脫口秀睡著了沒關係，隔天起來節目還在Tivo裡，還可以快轉廣告、倒帶或是按暫停去上廁所，就算要出遠門也不用擔心漏看任何一集的CSI，因為全部都在Tivo裡。

究竟什麼是Tivo呢？Tivo是1997年由兩個媒體界及軟體界的資深從業人員在美國加州所設立的公司，初期的作法是消費者只要先購買200塊美金Tivo的硬體(長相跟錄放影機差不多)再交1個月12.99美金的月費，就可以享有1個月40小時的容量，套句我一個靠著Tivo看盡所有老電影的朋友說的：「這價錢比買錄影帶還便宜。」

這就不得不提Tivo的另一項專長Wish List，將電影以導演、演員、類型、關鍵字等分類，像我那個老電影迷朋友只要輸入經典黑白片、亨佛萊鮑嘉，所有符合條件的電影在任何頻道有播出，Tivo就會自動錄下。

↑ Netflix以郵寄的方式將DVD送到家，看完了裝進對方付費
信封寄回，約兩天後就會收到下一片DVD。

目前Tivo還推出一種套件，消費者不用先購買硬體，取而代之的是像手機業者一樣，簽一年合約機器就免費提供，只要交月費即可，新機器還身兼DVD錄放映機的功能，想保存下來的節目就直接拷貝到DVD。

Netflix就是我家的片庫

對我這個貪得無厭的電視兒童／影痴而言，雖然大家都說Tivo好，連慾望城市的米蘭達因為家裡Tivo出現故障畫面她都可以呼天搶地彷彿世界末日，我還是得為另一項服務Netflix請命──擁有5萬5千支DVD的片庫，從網路上輕鬆瀏覽放入「候選單」，Netxlix就會按照我的排片順序寄到家中，我一次可以留3支片子在家，看完放入免付郵資的信封寄回去，下一支片子很快又會到了。

以往我們家也是Blockbuster百視達的會員，對他們99%是好萊塢主流片的選擇本來就不是很爽了，有一次我們因為錯把3天得還的片子當成可以看7天而被罰了16塊美金(都可以買一片新的了)，從此以後我們轉向Netflix沒有任何late fee的懷抱，更棒的是不管是北野武、蔡明亮還是溫德斯，通通不費吹灰之力的登堂入室進入我們的家庭電影院，重點是都有英文字幕，這樣子才不會冷落了我的另一半，他也樂於接受非好萊塢的文化衝擊。

現實的是，此間的百視達在Netflix席捲全美後也跟著心不甘情不願的取消了late fee，說它不甘願是因為超過一定期限後會員得把片子買回家，接下來他們也決定有計畫的關掉實體店面朝向網路化邁進。

> 看電視從來沒有這麼隨心所欲過，也徹底貫徹了美國的建國精神——「自由」，我們不再是任頻道、廣告商宰割手無寸鐵的消費者，而可以自由自在的選擇想看的節目。

跟著體驗Tivo、Netflix

台灣也有了Tivo，而且是全中文化的介面，從2005年12月推出後，目前的產品還是先購買硬體，服務費第一年全免，接下來再視市場的接受度決定，如果不想坐在電視前遙控器從頭轉到尾再從尾轉到頭還不知道想看啥時，就讓Tivo代勞吧。至於錄影帶的租售，雖然說台灣的街頭巷尾都有錄影帶出租店，但從網路上選片要比從堆積如山的架上選起來輕鬆方便多了，對於24小時都有人醒著的現代人作息，不打烊的網路還是有令人無法抗拒的魅力。

◎Tivo的官網

www.tivo.com

上面有詳細的產品介紹，順便可以跟台版的比個價喔。

◎Tivo重大功能

1. 輸入導演、演員、類型、關鍵字等，Tivo就會錄下每一部合乎條件的電影。
2. 就算看現場節目也可以倒帶、快轉跟暫停，容許時間差為15分鐘。
3. 將錄下的節目轉到DVD上。

◎Netflix的官網

www.netflix.com

◎Netflix重大功能

1. 從5萬5千支片庫中找到想看的電影放入自己的候選單(queue)。
2. 影痴推薦：將看過的電影評分，Netflix就會根據個人的評分結果推薦DVD。
3. 大家都是影評人：類似亞馬遜網站上的書評功能，每個人都可以發表自己的觀影心得。

世界主題之旅

厭倦一成不變的旅遊方式？
　　　除了走馬看花的景點導覽，想更深度認識、了解這個世界？
這個系列為你擷取旅行精華，企劃出一系列好用、有趣的閱讀導覽，
　　　不管是要實用有趣的專題資訊，還是想要臥遊馳騁全世界，
　　　都能讓你獲得大大滿足！

不可不知的 世界主題玩法

想要一口氣玩遍全世界？就從全世界的吃喝玩樂開始吧！鎖定精采主題的
全世界遊樂方式，廣度、深度一次齊全！

精采城市 重口味遊樂享受

誰說一個城市去一次就玩夠？每各城市都有其挖掘不完的迷人之處，才能成為經典。不管是單單探究人文地理、或是專攻娛樂享受，這裡全都包！

旅遊文學 閱讀主義

想要出發旅行卻遲遲不能成行？先享受別人的私密經驗分享過癮吧！

旅行與學習 的同步樂趣

就算同一個地點旅行三次，也無法了解當地的真實面貌。就讓長年旅居海外、甚至嫁給外國人的「太雅駐地作者群」，告訴你每個國家最不同、最有趣的生活與發明！

學 美 國 人 過 生 活

作　　者　張懿文

攝　　影　張懿文

總 編 輯　張芳玲

書系主編　張敏慧

特約編輯　王志光

美術設計　林惠群

太雅生活館 編輯部

TEL：(02)2880-7556 FAX：(02)2882-1026

E-MAIL：taiya@morningstar.com.tw

郵政信箱：台北市郵政53-1291號信箱

網頁：www.morningstar.com.tw

發 行 所　太雅出版有限公司

　　　　　111台北市劍潭路13號2樓

　　　　　行政院新聞局局版台業字第五○○四號

分色製版　知文企業(股)公司 台中市工業區30路1號

　　　　　TEL: (04)2358-1803

總 經 銷　知己圖書股份有限公司

　　　　　台北公司 台北市羅斯福路二段95號4樓之3

　　　　　TEL: (02)2367-2044 FAX: (02)2363-5741

　　　　　台中公司 台中市工業區30路1號

　　　　　TEL: (04)2359-5819 FAX: (04)2359-5493

郵政劃撥　15060393

戶　　名　知己圖書股份有限公司

初　　版　2007年01月01日

定　　價　280元

（本書如有破損或 頁，請寄回本公司發行部更換）

ISBN-13：978-986-6952-19-7

ISBN-10：986-6952-19-3

Published by TAIYA Publishing Co.,Ltd.

Printed in Taiwan

國家圖書館出版品預行編目資料

學美國人過生活/ 張懿文文字‧攝影 ──初版
　　── 臺北市：太雅，2007【民96】

　　面：　公分. ──（世界主題之旅：37）

　　ISBN 978─986─6952─19─7（平裝）

　　1. 美國─社會生活與風格

752.3　　　　　　　　　　　95024640

很高興您選擇了太雅生活館(出版社)的「世界主題之旅」書系，陪伴您一起快樂旅行。只要將以下資料填妥回覆，您就是「旅行生活俱樂部」的會員。

這次 買的書名是：世界主題之旅 **學美國人過生活**（Life Net 37）

1.姓名：_____ 別：□男 □女

2.生日：民國 _____ 年 _____ 月 _____ 日

3.您的電話：_____ 地址：郵遞區號□□□_____

_____

E-mail: _____

4.您的職業類別是：□製造業 □家庭主婦 □金融業 □傳播業 □商業 □自由業

□服務業 □教師 □軍人 □公務員 □學生 □其他 _____

5. 每個月的收入：□18,000以下 □18,000~22,000 □22,000~26,000

□26,000~30,000 □30,000~40,000 □40,000~60,000 □60,000以上

6.您從哪類的管道知道這本書的出版？□_____報紙的報導 □_____報紙的出版廣告

□_____雜誌 □_____廣播節目 □_____網站 □書展 □逛書店時無意中看到的

□朋友介紹 □太雅生活館的其他出版品上

7.讓您決定 買這本書的最主要理由是？

□ 面看起來很有質感 □內容清楚資料實用 □題材剛好適合 □價格可以接受

□其他 _____

8.您會建議本書哪個部份，一定要再改進才可以更好？為什麼？

_____

9.您是否已經帶著本書一起出國旅行？使用這本書的心得是？有哪些建議？

_____

_____

10.您平常最常看什麼類型的書？□檢索導覽式的旅遊工具書 □心情筆記式旅行書

□食譜 □美食名店導覽 □美容時尚 □其他類型的生活資訊 □兩 關係及愛情

□其他 _____

11.您計畫中，未來會去旅行的城市依序是？ 1._____ 2._____

3._____ 4._____ 5._____

12.您平常隔多久會去逛書店？ □每星期 □每個月 □不定期隨興去

13.您固定會去哪類型的地方買書？ □連鎖書店 □傳統書店 □便利超商

□其他 _____

14.哪些類別、哪些形式、哪些主題的書是您一直有需要，但是一直都找不到的？

_____

填表日期：_____ 年_____ 月_____ 日

太雅生活館　　編輯部收

台北郵政53-1291號信箱
電話：(02)2880-7556
傳真：**(02)2882-1026**
(若用傳真回覆，請先放大影印再傳真，謝謝！)

太雅生活館

有行動力的旅行，從太雅生活館開始